大活字本シリーズ

茂木健一郎

欲望する脳

埼玉福祉会

欲望する脳

装幀　関根利雄

まえがき

世の中にはいろいろな人がいる。初めて会ってすぐに響き合い、生涯の友となる人もいる。そんな関係は生きる上での宝物となる。その一方で、大切なことを伝えようとしたのに受け止めてもらえず、かえって誤解され傷付くこともある。

人格の陶冶《とうや》という視点から見れば、共感する人も反発を感じる人も、どちらも同じくらい必要である。人間存在の本質は、他人の心がわかるということである。そのはたらきを支えるのは、脳の前頭葉にある他人と自分を鏡のように映し合う「ミラーニューロン」と呼ばれる神経細胞である。ミラーニューロンの助けを借りて、私たちは他者を鏡として自分をみがいていく。同じような鏡にばかり映していたのでは、自分の姿を多角的に見ることができない。時には、歪《ゆが》んでいたり、曇っているような「鏡」もある。そのような場合でも、私たちは掛け替えのない何かを学ぶ。

そうは言っても、どうしても苦手なタイプはある。私の場合、「利己的な人」がずっと苦手であった。もちろん、生物である以上、自分の幸せを願うのは当然のことである。それでも、自分の利益を図るということについて無反省な人は、耐え難い。他人のことを思いやるやさしさや、自らを省みる厳しさがない人は、一緒にいるのが苦痛だと感じてきた。

やっかいなことに、科学は利己主義にお墨付きを与えているようにも見える。『種の起源』で様々な生物の種が生まれてくる仕組みを解き明かしたチャールズ・ダーウィンは、生存のために闘争することが進化の原動力だとした。ダーウィンの思想を受けて、人間社会においても適者生存を基本とすべきだと唱える「社会的ダーウィン主義」が生まれた。人々の利己主義が「神の見えざる手」を通して全体を最適化するというアダム・スミス以来の考えを受け、自由競争こそが経済を発展させるという思想は根強い。小さな政府と市場メカニズムの活用を唱える近年の「新自由主義」も、そのような流れの中にある。

自らの欲望を満たすということについて、現代人は貪欲である。様様なテクノロジーが、人々の欲望を解放し拡大する役割を果たしている。インターネットは、住んでいる場所や時間の限定を超えて情報を手に入れ、モノやサービスを購入し、人と出会う機会を与えている。我慢が美徳であるという風潮は廃れ、自らの欲望を解放することこそが、自己実現という意味でも、社会全体の発展を図る上でも好ましいという風潮が支配的になった。

こんな時代に、人間の欲望のあり方についてじっくりと考え直してみたいと思った。きっかけとなったのは、『論語』の中の孔子の言葉である。高校時代、どちらかと言えば反発を感じていた孔子の思想に、人生も半ばになって重大な関心を抱くようになった。ティーンエイジャーの頃は、人間の社会から離れた幽玄の宇宙に遊ぶ老荘思想に憧れていた私が、人との関係を中庸の美徳をもって説く孔子の思想に共鳴するようになるのだから、人生はわからない。

人間という存在をどのように見るかが鍵である。「社会的ダーウィン主義」においても、「新自由主義」においても、あるいは最近の「持続可能性」や「多様性」を重視する思潮においても、最終的には人間の本性が問われている。人間は社会的な動物であり、他人なしでは生きていくことができない。最近の脳科学においては、人間行動において利他的な行為が占める比重が案外多いことも示されてきている。自己と他者の間で揺れ動く私たち一人一人の心の本質を、どうしたら摑むことができるのだろう。

自らの欲望の成り立ちを見つめる時に、人は自分が自分であることの苦しさと喜びに目が開かれていく。欲望することが人の定めならば、せめてその正体をより精《くわ》しく見つめてみたい。そんな願いに導かれて思考を重ねた。

目次

01　心の欲する所に従うこととは？

ティーンエイジャーの頃、私は孔子よりも老子の方が好きだった。高校のクラスメートで、『論語』を愛読しているMという男がいて、老荘思想にかぶれていた私と何時《いっ》も議論になった。私が、孔子は世俗を説くだけじゃないかと言うと、Mは、老子は浮世離れしていて役に立たないと言い返す。「世間知」と「無為自然」の間はなかなか埋まらない。妥協の仕方が見つからないままに、時は流れ、Mは弁護士に、私は科学者になった。やはり三つ子の魂百までか、というと、人間はそんなに単純でもない。

私は、孔子が次第に好きになってきたのである。社会に出て人間《じんかん》に交わるようになって、『論語』の持つ思想的深みが味わえるようになってきた。しかも、単なる処世知として評価するというのではない。「私」という人間の存在の根幹に関わるような根本的なことをこの人は言っている、と孔子を見直すようになった。人間を離れて、世界の成り立ちについて考える上でも、孔子の言っていることを避けて通ることができないと思い定めるようになってきた。逆にMは、孔子の知は、時にあまりにも実践的過ぎて鼻につくこともあると近頃漏らすようになった。人生というのは面白い。正反対から出発して、いつの間にか近付いていく。やはり、中庸にこそ真実があるのだろう。

そうはいっても、忙しさに取り紛れて『論語』を真面目に読み返すこともできないでいた。ただ、『論語』のことが、半ば無意識のうちにずっと気になっていた。ある時、私は地下鉄のホームに立って、ぼんやりと現代のことを考えていた。人間が自らの欲望を肯定し、解放することで発展してきたのが現代文明である。自らの欲望を否定し、抑え付けることほど、現代人にとって苦手なことはない。現代人の脳は、欲望する脳である、昨今の世界情勢の混乱も、現代人の野放図な欲望の解放と無縁ではあるまい。そんなことを考えながら電車を待っていた。

突然、何の脈絡もなく、『論語』の「七十而従心所欲、不踰矩」という有名な言葉が心の中に浮かんだ。私は雷に打たれたような気がした。この「七十従心」と呼ばれる文の中で、孔子は、とてつもなく難しく、そして大切なことを言っていることが、その瞬間に確信されたように感じたのである。

人間の欲望は、いかに生きるべきかという倫理性と決して分離できない。倫理ほど、難しい問題はない。物体を投げれば、放物線を描いて飛んでいくといった単純な法則では、人間の欲望のあり方は記述できない。正解がないかもしれないからこそ、人間は悩む。今も悩み続けている。

人間の行動は、どのようにして決定されているのか？　人間は自由な意志を持つのか？　それとも、利己的な遺伝子に踊らされる哀れな存在でしかないのか？　資本主義が、人間社会の最終的な到着点なのか？　人間の知性は、所詮は自己の利益を図るたくらみの結果なのか？　愛の起源は何か？　脳内の報酬系は、どのような原理で動いているのか？　人間の幸せとは何か？

今や、全てのイデオロギーは力を失い、大きな物語も消滅したかに見える。むき出しの動物的欲望が情報技術の発達によって繊細にコントロールされる。そのような実存を私たち一人一人が受け入れつつあるように見える現代において、人間の欲望を巡る様々な問いほど、アクチュアルな問題はない。正義を求める心も、また、欲望の一つのあり方である。正義への欲求が、異質な他者同士が交わる国際社会で物理的な力として表現された時にどのような混乱が生じるか、私たちは日々目撃し続けている。

脳科学、認知科学、経済学、哲学、進化心理学、国際政治学などの諸分野における、人間のあり方を巡る様々な問い。それらの問いが、人間の欲望という一つの「焦点」のまわりで交錯し、一つの像を結び始めている。そのぼやけた焦点に、孔子の言葉がストンとはまった。私には、あの時、そのように感じられた。明確な根拠のない不思議な確信が、時間が経つにつれて次第に強まってきている。

周知の通り、「七十従心」は、『論語』「為政篇」中の、孔子が自分の人生を振り返った有名な文章の最後に位置する。

子曰、吾十有五而志于学。三十而立。四十而不惑。五十而知天命。六十而耳順。七十而従心所欲、不踰矩。

子曰く、吾れ十有五にして学に志す。三十にして立つ。四十にして惑わず。五十にして天命を知る。六十にして耳順《したが》う。七十にして心の欲する所に従って、矩《のり》を踰《こ》えず。

孔子が七十で到達したとする「自分の心の欲する所に従っても、倫理的規範から逸脱しない」という境地は、人間の究極の理想像である。もし、孔子が本当にそのような境地に達していたとすれば、正真正銘の聖人だと言えるかもしれない。

私たち人間の欲望と倫理的規範の間には、緊張関係がある。その緊張関係の中で、私たちは自分の欲望を抑えることで、矩＝倫理的規範から逸脱することを避けようとする。

子供は、しばしば、自分の欲望をむき出しに主張する。しかし、「心の欲する所に従って」いる子供は、決して倫理的な存在ではない。自らの欲望に従うのではなく、それを必要に応じて抑制し、調節することを学ぶことこそが、人間にとっての倫理の始まりである。

人間にとっての倫理は、この世界において「生き延びる」ためにこそ進化してきた。現世人類に至る長い進化の歴史においては、自分の欲望が満たされることよりも、むしろ満たされないことの方が多かった。マルサスの『人口論』を引くまでもない。「食べたい」という生物として最も基本的な欲望でさえ満足できずに、死に瀕《ひん》することは普通だったのである。私たちの脳は、欲望が必ずしも満たされないという条件の下で進化してきた。欲望を周囲の環境に合わせて調整する脳の仕組みがあることはむしろ当然のことである。倫理は、何よりも生物学的な必要の下に進化してきたのである。

科学技術の発達により、人間は次第に自分の望むものをほとんど手に入れられるようになってきた。とりわけ、衣食住といった生存のために必要な最低限の条件は、ほぼ満たされるようになってきた。生産力は常に需要を上回る危険をはらみ、経済システムを維持するためにも、欲望を解放し、消費を奨励することが求められた。その結果、欲望を我慢しないという点において、現代の成人は、むしろ子供に近付いてきている。最も高度に発達した消費社会を実現したアメリカ人の振る舞いが、しばしば大きな子供に喩《たと》えられるのも当然の帰結である。

もし、孔子の「心の欲する所に従って、矩を踰えず」という命題が、欲望が満たされるための物質的条件の整備によって実現するのであれば、事は簡単である。ポップコーンを頬張り、コーラを飲みながらハリウッドの娯楽大作を見る現代人は、皆、孔子が七十にして到達した境地に達しているということになりかねない。

しかしもちろん、事態はそれほど単純ではない。どれほど社会の富が増し、物質的に贅沢《ぜいたく》が可能になったとしても、人間の欲望には、原理的に予定調和ではいかない側面があるからである。それはすなわち、人間関係に関する欲望である。

人間関係において、自分の欲望と他人のそれが必ずしも一致しないことは、恋愛を考えただけでも明らかであろう。世間には両想いよりも片想いの方が潜在的には遥かに多い。心の欲する所に従えばそれで済むのであれば、恋愛の悩みなど存在しない。自分の思うままにならないからこそ、文学が成立する。夏目漱石の『三四郎』で、三四郎が自らの欲望に従ってそれで済むのだったら、話は簡単だった。もっとも、それでは文学にならない。美禰子《みねこ》に翻弄《ほんろう》されてこその『三四郎』である。三四郎のほろ苦い体験に誰でも思い当たるような普遍性があるのは、それだけ他人の心が自分の思う通りにはならないからである。

元来、生きるということは不確実性に満ちている。どうなるかわからないという状況に対処するために、脳の感情のシステムは進化してきた。人間にとって最も切実な不確実性は、他人の心である。幼児にとっては、果たして母親が自分の面倒を見てくれるかどうか、不確実である。見知らぬ人との折衝は、その人が正直かどうか、不確実である。思春期を迎えれば、自分が想う人が自分を想ってくれるかどうか、想い続けてくれるかどうか、不確実である。そのような不確実な他人の心に頼らなければ自らの欲望が満たされないのだとすれば、「心の欲する所に従っても」などと悠長なことばかりも言っていられない。

人間関係において、「心の欲する所に従って」いれば、人は下手をすればストーカーになり、極端な場合犯罪者になる。恋愛ばかりではない。社会の中で居心地の良い地位には限りがある。誰もが自分の望む職業に就き、夢見る名声を得られるわけではない。人の不幸を楽しむことを、ドイツ語で「シャーデンフロイデ」と言う。自分が幸せになることと、他人が幸せになることとは残念ながら一致しないのが、この世界の実相である。

人間の脳は複雑な文脈を引き受けて、欲望の調整をしようとする。大脳辺縁系のドーパミン細胞を中心とする情動系は、前頭葉の神経細胞のネットワークと協働して、簡単には解が見つからない人間の欲望の方程式を計算し続ける。そこには、野放図な欲望の解放はあり得ない。ただ、周囲の都合に合わせた、控えめな欲望の発露があるだけである。

人間の欲望に予定調和がないことは、脳科学だけでなく、「ゲーム理論」のように、個人間の利害調整を扱う学問体系においても常識である。自らの欲望だけに忠実な人は、社会的な評判を落とす。評判が落ちれば、罰こそ受けなくとも、結局不利益を被ることになる。だから、人間の脳は先回りして、短期的な欲望の実現をある程度犠牲にしても、長期的な利益を図ろうとする。イタリアの政治思想家、マキャベリにちなんで「マキャベリ的知性」と呼ばれるそのような配慮こそが、人間の社会的知性のあり方の本質である。それが、現代の諸学問の基本的了解である。

ならば、孔子の「七十従心」とは、一体何なのか？　年をとったら欲望のレベルが落ちて、結果として距を踰えなくなった、などという陳腐なことを言っているはずがない。マキャベリ的知性の下での先回りした節制を指しているとも思えない。「七十従心」は、もっとのびやかな印象を与える。現代の科学主義の知的射程を超えてしまった何かがそこにあるようにさえ感じる。一体、孔子は何を言おうとしたのだろう。

今、私の前に「七十而従心所欲、不踰矩」という言葉が、一つのエニグマとしてぶら下がっている。このエニグマを避けては、人間理解という学問的興味の上からも、主体的に生きる意味からも、先に行けそうもない。二千五百年前に一人の男が残した言葉を「清玩《せいがん》」としつつ、人間の欲望を巡る探究を始めようと思うのである。

02　欲望に潜む脆弱性

一人では恋愛などできない。当たり前のことである。

もの思へば沢の蛍もわが身より
あくがれ出づる魂かとぞ見る

と詠んだのは、和泉式部《いずみしきぶ》だった。他者がいるからこそ恋をする。その他者が、自分にはどうすることもできない断絶の向こうにいるからこそ、想いは深く、熱烈になる、コントロールできないものに憧れる。その構造は和泉式部から遠く隔たった現代でも変わりはしない。ケータイを駆使してメールを送る若者のまわりにも、「あくがれ出づる魂」は飛び回っている。

人間の欲望のうち、恋愛における他者に対する欲望こそがしばしば最も切実で、抗し難いものであることは、深く味わうべき意味がある。どうすることもできないからこそ、強く憧れるのである。美禰子を前にした時の三四郎の「矛盾だ」というつぶやきは、まさに予定調和ではあり得ない恋愛の本質を示して余すところがない。

人間をはじめとする動物の欲望の根底には、自他の区別がある。欲望は、その基本的な形式において、必ず自己とは峻別《しゅんべつ》される「他者」

に対して向けられる。自他の区別がなくなれば、欲望もまた消える。欲望とは、その本質において、自分の所有にも主体性にもかかわらない他者に関して生じる。自他の間に矛盾があるからこそ、生命は無限運動を続けるのである。

自己とは独立した存在である他者には、固有の都合があるはずである。自分が恋しいと思う対象には相手を選ぶ自由がある。肉食獣にとっては「食べ物」である草食動物は、食われずに生きてこそいたい。相手が生き物ではなくても、物体や空間を専有し、思うままに使うということには、根源的な「身勝手さ」がある。バブル経済の頃、世界的な名画を買って、死んだら自分の棺桶に入れて一緒に焼いてもらいたいと言った人がいた。愚かではあるが、似た話は生物界の至るところにある。生き物は、有限の資源を巡って争う。春の野に繁茂する植物は、一見牧歌的な風景を呈しているが、その実それぞれの植物種はできるだけ広い土地を占めようと様々な化学的あるいは物理的戦略を駆使している。

その相争う植物さえ一切生えることができないように、人間は都市を設《しつら》う。道路の「舗装」を見て、自動車が走るという「効用」のために、限りあるこの地球の空間が専有されてしまうことについての哀しみを感じるのは私だけだろうか。もっとも、そんなことは自分が自動車を飛ばす時には大抵忘れている。人間は、自分の生の衝動をストレートに発揮する時、他者の都合などすっかり忘れている。この点にこそ、人間の欲望が決して予定調和には成り得ないということの根本的理由が見出される。欲望に本質的に内在する脆弱性《ぜいじゃくせい》が現れるのである。

人間の煩悩の問題を突き詰めて、ついには自他の区別にその起源を認め、自己の欲望の否定による解脱を説いた仏教の哲学は、考え抜かれた一つの世界観を確かに提示していると言える。もっとも、自他合一は一つの究極のヴィジョンではあるが、現実的な意味でも、理念的な意味でも、全ての人に開かれた道ではない。何よりも肝心なことに、自己の否定は気を付けなければ反生命原理になってしまうのだ。だからこそ、欲望を巡る倫理はやっかいなのである。

しばしば、西欧的な自我と、東洋的な没我が対立的に語られるが、人間の意識の成り立ちの核がそれほど文化依存的であるわけでもない。表面的なニュアンスの差はあっても、「我」がその外にある「他」を欲するという構造自体が変化するわけではない。「東西の対照」は普遍を求める科学的精神にとっては、表層的な差異に過ぎないのである。自己と他者の関係については、西洋と東洋といった様々な哲学的な視点を持ち出すことも大切だが、何よりもまず事実を押さえる必要がある。人間の脳の中で、自己と他者がどのように表現され、さらには自己と他者の関係がどのように理解されているのか、その事実を押さえなければならないのである。

自他の区別の脳内表現は、先天的に与えられているわけではない。新生児は、環境との相互作用を通して、自他の区別を学んでいく。様様な場所を触り、「触る」ことと「触られる」ことが同時に起きることと（ダブル・タッチ）を通して、自分の身体の範囲を学んでいく。

それに対して何かをした時、作用と反作用が同時に起きるのが、「自己」である。自らになしたことは、必ず自分に返ってくる。自分を殴れば痛い。それに対して、他者になしたことは、必ずしも自己には返ってこない。自己に対しては、やりっ放しということは不可能だが、他者に対しては原理的に可能である。むしろやりっ放しが通例でさえある。子供がおもちゃで遊んで散らかしっ放しにしている風景の中には自己の欲望に従うことが他者にどのような作用を及ぼすかという原理的問題が立ち現れている。地球環境問題の淵源は、雑然とした子供部屋の中にあるのだ。

自分が欲しないことを、自分にしないというのは自然である。自らを傷付けようとするのは、よほどのことがあってこそである。一方、他人に対しては、やったことが基本的に返ってこない。この点にこそ、自他の区別の上に立つ欲望が潜在的に抱える脆弱性がある。

だからこそ、『論語』の中で、孔子は「己の欲せざる所は人に施すなかれ」とわざわざ語らなければならなかった。自分の立場に置き換えてみれば望ましくないことを他者に対してしてしまう、そのような利己主義が世の習いであるからこそ、孔子は敢えてこの言葉を吐いたのである。キリストが愛を説いたのと同じくらいの認知革命が、そこにはあった。

時代は巡って、文明が人間の欲望を解放し、欲望に従うことこそが経済システムにとっても望ましいことである、という欲望の制度化が進んでいる。自分の欲望をできるだけ制限しないという態度を支えるテクノロジーがここまで進んだことと、昨今私たちが目にする文化的表象は決して無関係ではない。現代人は、いろいろな意味で我慢することを忘れたのである。

保坂和志は、「現代性、同時代性というと、私はまず現象として、過剰な暴力と、登場人物の精神が病んでいることを思いつく」(「新潮」二〇〇五年五月号)と書く。保坂の指摘する通り、現代文学には暴力が溢《あふ》れている。暴力というものが、しばしばナルシシズムと結び付いていることは、多くの人がすぐに気が付くところだ。他人に暴力を振るうことも、人間という奇妙な存在の欲望の可能態の一つだとするならば、その背後に人間の業《ごう》を見ることはたやすい。文学の深みをそこに気取ることも少々才気走ったやつには可能だろう。しかし、暴力を描く者が、自他の間の圧倒的な非対称性に鈍感であるならば、暴力描写は世界に向かって閉ざされた精神病理の陳腐な表現に容易に堕してしまう。保坂は、右に引用した文に続いて「そんなことが現代性、同時代性ではないんだ」と書く。自他の間の潜在的緊張関係に気を配らない同時代性などあり得ないだろう。文学に限らず、全ての芸術と自他の関係を巡る倫理性は無関係ではない。

大江健三郎が言う「ディーセンシー」（節度）と表現するものを身に付けているかどうかは、ある人間の価値を決定付ける分水嶺であるように思う。この点において、現代はざらざらとした荒れた印象を与える人が多い時代である。例えば、その年頃の子供を持つ親が、したり顔に「最近の公立中学校は荒れていて、やっぱり私立に入れなくては」と言うのを耳にする時、私はその人の魂を醜いと思う。お前の子供はいいよ、じゃあ、公立中学校に行くやつらの立場はどうなるんだ、と言ってやりたくなる。自己の欲望と他者の欲望が潜在的な緊張関係にあることについて、ディーセンシーを持っていない人は、恐らく深い文学性に到達し得ないし、何よりも人間として本当の生きる苦しみと歓びを味わえないのではないかと思う。

「己の欲せざる所は人に施すなかれ」、あるいは「七十にして心の欲する所に従って、矩を踰えず」という言葉を残した孔子は、欲望の前提になっている自他の区別について、よほど自覚的で繊細な境地に達している。これらの言葉は、単なる処世術や、倫理規範の問題として出てきたのではない。孔子の言葉の背後には、「私」が世界とは峻別された形の「個」として「今、ここ」にあらざるを得ないという、ニーチェの言う「個別化された世界」についての深い原理的考察と哀しみがある。暴力に限らず、自己と他者の間の圧倒的な非対称性に目を閉ざした議論や表現が目立つ現代のメディア環境において、孔子の叡《えい》智《ち》はますます輝きを増している。

そう気が付いてみれば、孔子の境地に至る魂のレッスンは、生まれ落ちてすぐに始まっている。新生児は、最初は母親を道具として使う。自分が腹を空かせて泣けば、ミルクをくれる。おしめが濡れれば代えてくれる。自分の欲望と、母親がやることの間に齟齬《そご》がない限り、新生児は母親を道具として扱っていれば、それで済む。

危機は、母親が必ずしも自分の言うことを聞いてくれるわけではないということに気付く頃に訪れる。もっとも、新生児は必ずしもそこに意図を読み取るわけではない。先に述べた「ダブル・タッチ」と同じように、脳の中の感覚入力と運動出力の間の偶有性（コンティンジェンシー。どうなるかわからないこと）の認知を通して、次第に母親は自分が必ずしも完全にコントロールすることのできない「他者」であるということを学んでいくのだ。

この世の中には、自分の思いのままにならない「他者」が存在する。それは、いかに驚愕《きょうがく》すべき発見であることだろう。母親の胎内で全てが充足していた世界から、いきなり他者の溢れる世界に投げ出される。聖書の「原罪」はまさにこの遷移を描いたものであるし、その意味で、私たち全員は原罪から自由ではない。

自分の思う通りにならない「他者」の存在こそが、じりじりとした欲望を駆り立てる。すぐさま相思相愛になる関係など、泣いたらすぐにミルクをくれる母親のようなものである。思うに任せぬ相手こそが、私たちに、恋愛の本質を、そして欲望の深淵を垣間見させる。

コントロールすることのできない他者に向かうからこそ、欲望には、根源的な脆弱性がある。その脆弱性に儚《はかな》さを感じて、いっそ欲望を否定してしまえという衝動は、仏教だけの専売特許ではない。ありとあらゆる宗教に、そのようなモティーフは存在する。それは人間の脳の一つの安定解である。しかし、恐らくは、他者に対する欲望の中に潜む脆弱性ととことん付き合うことの中にしか、人生の恵みを味わうことも、人間の脳という不可思議にして力強い臓器の潜在的力を生かす道もないのである。

ひょっとしたら、そこにはテストやドリルのような決まった答えはないかもしれない。その答えのない無明の領域で自己について考え、他者について考える。これ以上の脳のエクササイズはないように私は思う。欲望の内包する脆弱性に目覚めた者が、その自覚の下に自身の欲望と真摯《しんし》に向き合おうとする時に、そこに孔子以来多くの思想家が取り組んできた人生の倫理問題の核心が立ち現れるのである。

03　意識ある存在にとっての倫理

私たち人間は、意識を持った存在である。

生まれ落ちてから死ぬまで、ウィリアム・ジェームズの言う「意識の流れ」の中で様々なことを体験する。もちろん、眠って意識を失っている時にも私の脳や身体は体験を続けているに違いないけれども、人生は、何よりも「意識の流れ」の中に構成されている。

「意識の流れ」の中で、私たちは様々なクオリア（感覚質）を体験する。目の前のリンゴの「赤」を感じ、手に取ったその肌の感触を受け止め、果肉をかじって甘酸っぱい果汁が舌を通って喉の奥に落ちていくのを楽しむ。このような一連の体験の中に埋め込まれているクオリアによって、私たちが主観的に体験する世界は構成されている。

何故、私たち人間が意識を持った存在としてあるのか、という問いに対する答えは依然として見つかっていない。現在の科学的世界観は、その中に「意識」を一体のものとして統合することに失敗している。実際、分子生物学にせよ、神経科学にせよ、科学は人間を意識とは無縁の物質として扱うことによってこそ発展してきたのである。

科学的立場をとる限り、意識などあってもなくてもかまわない。論理的な可能性として、人間と外見上は区別のつかない形で、全く同じ振る舞いをする「哲学的ゾンビ」という存在を考えることとさえできる。

科学は、私たち人間が哲学的ゾンビであったとしてもかまわないという立場をとったからこそ、今日のような驚異的な発展を遂げてきたのである。

意識の存在を否定し、その役割を小さく見積もることは、いわば科学主義という「勝ち組」の側に付くことである。アメリカの哲学者、ダニエル・デネットのように、「意識」というのは幻想であると決め付ける立場もある。私たち人間が伝統的に使ってきた心の状態を表す様々な主観的な言葉は、正しい世界観に到達する上では邪魔だから、なるべく使わないようにしよう、というのである。主観的な言葉遣いを排除し、「機能主義」の立場から意識や主観性といった「幻想」を成り立たせている脳の仕組みを記述していけば、いつかはクオリアのような「難しい問題」は消えてしまうだろう、とデネットは主張する。

確かに、デネットのような「機能主義」の立場から脳のはたらきを一つ一つ解明していくことは、意識の起源について真摯な関心を持つ人にとっても有意義なことである。神経細胞一個一個の活動を測定し、fＭＲＩ（機能的磁気共鳴画像法）などの非侵襲的計測装置で様々な課題をこなしている時の脳活動を観察するといった最近の脳科学における研究は、機能主義と親和性が高く、大きな成果を上げつつある。

しかし、さらに一歩進んで、デネットのように機能主義のプログラムを進めていけば私たちの主観的体験にまつわるクオリアのような難しい問題は消えてしまうだろうという「消去主義」の立場をとるかどうかは、別の問題である。

主観的な体験など幻想であり、科学が進んでいけばいつかは消えてしまうものだという消去主義の考え方には、多くの人が割り切れない思いを抱く。自分が感じ、やることには確かにある特定の機能があるのだろう。しかし、そのことをもって、私の人生という体験が全て説明できてしまうのではない、私は断じて、生存し子孫を残すための機能の塊などではない、という直感を、私たちの一人一人が持っている。

冬の寒さが緩んだ朝、それまで霜が降りていた土の上に新しい生命の芽吹きを見つけた時のわくわくする気持ちを、機能から説明して何になろう。大切な想いを打ち明けて、相手の返事を待っている時の切ない想いのリアリティが、コミュニケーションを支える脳機能の束に回収されてたまるか。そのように思うことは、生活者の感覚としては当然のことだろう。

その一方で、私たちが主観的な体験の中で持つ、切実な感覚、鮮明なクオリアを、科学主義や機能主義に論理的整合性のある形で着地させることが今のところできないことも事実である。厳密な科学主義を前にして、下手をすれば、全ての主観的体験は素朴な民衆心理学（folk psychology）へと堕ちてしまう。デネットのように、機能主義者に徹することの方が、禁欲的な「プロ」の態度であるかのように見えてしまうのである。

もちろん、私たちの素朴な直感が必ずしも間違っているというわけではない。近年の脳科学、認知科学は、むしろ日常における素朴な直観を厳密な科学主義に接続することをこそ志向している。私たちが意識を持つ存在であるという素朴な、しかし動かし難い直観から、厳密な知的論証への道筋は必ずあるはずである。ただ、それがまだ見つかっていないというだけの話である。

近代における科学的世界観と、私たちの素朴な生活体験の中で疑い得ない「意識を持つ」という事実の間の乖離《かいり》。ここには、「世界がこうなっている」と説明する世界知の構築において、人類が現在直面している最も深刻な問題、敢えて言えば危機がある。私たちは単なる機能の塊なのか、それとも、主観的体験の中のクオリアの神秘の中にこそ、機能主義には回収されない人間の可能性、この宇宙の未だ知られざる秘密が隠されているのか？　この問題に対してどのような態度をとるかということは、深いところで人生をいかに生きるかという倫理の問題とつながっている。

アメリカの哲学者、デイヴィッド・チャーマーズのように、明確な二元論の立場をとる論者もいる。しかし、脳科学もその一部である近代の科学との整合性を気にかける時、どのような論者でも、機能主義的な世界観との付き合い方を真剣に考えざるを得ない。

『内なる目』や『喪失と獲得』などの著作で知られるイギリスの心理学者、ニコラス・ハンフリーは基本的に機能主義に依拠しつつ、主観的体験の切実さに対しても一定の役割を認める立場をとっている。氷河時代の洞窟《どうくつ》絵画と「サヴァン」能力を示す自閉症の子供が描く絵画との類似性や、ジャンヌ・ダルクが実は多重人格者であった可能性を指摘するなど、時には物議をかもす斬新《ざんしん》な説を唱えることで知られるハンフリーは、機能主義や進化論の盤石の基盤を重視する現実主義者でもある。

ある時、私はケンブリッジ大学から歩いて五分ほどの所にある自宅にハンフリーを訪問して議論した。その際、ハンフリーは、自分や他人が単なる物質ではなく、「心」を持った存在であると認識することには、進化の過程で大きな意味があったに違いないと主張した。

単なる物質ではないと思うからこそ、自分の人生を大切にし、他者の生命をも尊重しようと思うのであって、そのことには進化論的に見て重大な意味がある。人間は物質としての「身体」以外に「魂」を持った存在であるという「二元論」は、近代以降の合理主義や科学主義の中では評判が悪いが、人間が二元論的な世界観を信じること自体には、機能的な意義があったと言うこともできる。もし、自分が単なる物質だと思ったら、人々は信念や情熱を失ってしまう。魂が死後も滅びないと信じるからこそ、投げやりにならずに目標を定め、努力することができる。二元論的な世界観には、そのような利点があったとも考えられるとハンフリーは指摘したのである。

ハンフリーの議論は、機能主義を敵視するような「過激派」の言説よりも、むしろ説得力のあるものだった。人間が二元論的な世界観を受け入れて行動することの機能主義的な意味を論じることで、二元論と機能主義という、一見相容れないかに見える二つの立場を融和させようとしているように感じられた。

確かに、ハンフリーの言うように、私たちが意識を持つという事実と、人間が倫理的な問題について悩む存在であるということは、深く関係しているように思われる。意識を持ち、その中で様々なことを感じるからこそ、いかに生きるべきかという倫理的問いが生まれる。そのような考え方は、いわば「常識」であるようにも思われる。

しかし、同時に、このような折衷的な解決案が最終的なものと成り得ないことは明らかであり、そのことにはハンフリーも気付いているように見えた。たとえ、自分や他者の主観的体験の切実さを信じ、二元論的な世界観を持つことが、人間の行動をより適応的なものにしたとしても、同じことは哲学的ゾンビにもできたはずである。すなわち、客観的な立場から見て、「あたかも」主観的体験の切実さを信じ、「あたかも」二元論的な世界観を持っているような振る舞いをするが、実は一切の意識的体験を持っていない。そのようなゾンビでも、ハンフリーの言う適応的な振る舞いをするには、十分だったはずなのである。極端なケースとして、「あたかも」魂の存在を信じ、それを尊重して生活しているかに見える「二元論的ゾンビ」を考えることさえできる。二元論的ゾンビが目の前にいると、それは、あたかも魂を尊重し、倫理を大切にする人のように振る舞う。魂や倫理を巡る質問をすれば、適切な答えが返ってくる。しかし、その時、ゾンビの中には実は一切の意識的体験がないのである。

「あなたは魂の存在を信じていますか？」

「もちろん信じていますよ。悲しい時には涙を流しますし、他人の親切に感動すれば、微笑みを浮かべます」

「なるほど。あなたにとって、魂の存在を信じているということと、いかに生きるべきかという倫理を気にかけることは関係しているのですか？」

「もちろん、そうです。自分や他人の魂の幸福を願えばこそ、自分が何を言い、何をするかということについて、慎重にならざるを得ないのです」

「もし、あなたの大切にしている白馬のいる廏《うまや》が火事になったら、どうしますか？」

「馬のことは聞かずに、人々に怪我はなかったか、とだけ聞きます」

「何故、馬のことは聞かないのですか？」

「私は、自分や、自分のまわりの大切な人の幸福を何よりも願っているからです」

二元論的ゾンビの言動は、まさに、孔子のような聖人君子に通じるもののように思われる。しかし、もしそこに一切の意識体験が介在していなければ、私たちは果たしてその「人格」に感銘を受けたり、「共感」したりするだろうか？

他者の心を読み取る「心の理論」は、人間の社会的知性において最も大切な要素の一つである。他者との行き交いにおける共感は、人間らしい倫理の最も重要な要素であるが、それは同時に私たちが意識を持つという厳然たる事実に支えられている。「七十従心」のような孔子の境地は、孔子が意識を持ち、時には悩む存在であったと信じるからこそ私たちの心に響く。もし、孔子が、客観的には区別のつかない振る舞いをするが、一切の意識体験を持たない「孔子ゾンビ」だったとしたら。その時、孔子という「倫理機械」は、私たちに同じような感銘を与えることはできなかったろう。

限りある命をいかに生きるかという倫理の持つ切実さと、私たちが意識を持つという事実は、明らかに関連している。私たちは断じてゾンビなどではなく、機能の束でも、単なる物質の塊でもないのである。

ここに、私たち一人一人にとっての身近な倫理問題と、現代の人類にとっての最大の課題である心脳問題が交錯する地点がある。

04　主語に囚われずに考える

「ある人の価値は、何よりも、その人がどれくらい自分自身から解放されているかということによって決まる」

相対性理論を生み出した物理学者、アルベルト・アインシュタインのこの言葉に最初に触れたのは、高校生の時だっただろうか。一読して、何かとてつもなく大切なことを言っているということだけはわかった。しかし、その言葉の意味について、様々な思索を再開したのは最近のことである。

自分自身に囚われてしまうというのは、人間の哀しい性《さが》であり、自己の保存を図る生物としては、避けられない傾向でもある。しかし、「私」という主語を立てて、それに固執してしまうことによって、閉ざされてしまう議論の道筋もある。

アインシュタインは、後年、平和運動に関わり、「世界政府」の構想を発表するなど、人間がいかに生きるべきかということについて、様々な社会的発言を行った。「自分自身から解放される」というアインシュタインの命題は、このような文脈でも解釈され得ることはもちろんである。

その一方で、アインシュタインが天才的独創性を発揮した、科学という文脈の中で意味を考えることで、「自分自身から解放される」という言葉の輝きは増す。私たちがいかに生きるべきかという倫理の問題において、深い示唆を与えるのである。

「私」という主語に囚われることは、この世界の真実に目を閉ざすことを意味する。科学とは、「私」に拘泥せず、この世界の様々なもの「相手の立場」に立って考える営みである。そのことは、「私」というブラックボックスから解放されることで初めて可能になる。

鳥なんて、卵から適当に生まれてくるんだろうと片付けているうちは、科学的思考は芽生えない。自分が卵殻の中に閉じ籠り、次第に成長していくプロセス、さらに、やがて殻を破って世界に出ていく瞬間のことを想像してみれば、そこには数多くの課題があることがわかる。その気付きから、科学は始まるのである。

殻が弱いと途中で壊れてしまう。硬過ぎると中から破って出てくることができない。では、どれくらいの硬さにすれば良いか。雛にとっては硬過ぎるとしたら、親鳥が割るのを助ければいいか？　そのような行動様式に依存してしまうことの危険はないか？　殻の硬さ一つをとっても、そこには数々の課題があるのである。

相手が無生物でも、同じことである。リンゴなんて、何だか知らないけれど勝手に木から落ちてくるんだろう、と思っているうちは、それ以上の思考には発展しない。ニュートンは、いわば「リンゴの気持ち」になって、「どうして私は下に落ちなければならないのか」と想像してみたからこそ、万有引力の法則を発見することができたのである。

もちろん、いくら他者のことを想像するといっても、最終的に思考を進めているのは「私」の主観であることには変わりない。私たちは、決して「自分自身」から完全に解放されることはないのだ。

アインシュタインが「自分自身から解放される」ことの価値を強調した時、脳裏にあったのは自我の完全な消滅や、「私」という立場の特別性自体の否定ではなかったろう。その意中にあったのは、「私」が世界の中で特別な意味を持ち続けることは認めた上で、世界の中の様々な他者と行き交うために、思想的な工夫を凝らすということであったはずだ。

ニュートンがリンゴの立場になって考える、あるいは、鳥類学者が卵殻の中の雛の位置に自分を置いてみるということは、自分自身から解放されるための思想的な工夫の一つである。科学における「客観性」は、ともすれば「冷たい」ものと考えられがちだが、実は、このような他者の立場への思いやりと結び付いている。

秋の野に大きなカマキリを見た時に、カマキリなんて勝手に生きてきたんだろうと片付けてしまっては、科学は進まない。自分をカマキリの立場に置いて、その一生で起こることを、想像してみる。例えば、卵からかえったばかりの小さな時は、一体何を捕らえて食べれば良いのだろう、と考えてみることで、初めてカマキリの生活史の科学が立ち上がる。

相手が人間であっても同じことである。道をとぼとぼ歩くお婆さん、よちよち歩きの女の子、人生に疲れた中年男、派手な服を着た若い女。

それぞれの人間を、世界の中で勝手に生きているんだろうと片付けてしまうのではなく、その立場に自分を置いて来し方行く末を想像してみることによって、初めて見えてくることがある。他者への真摯な関心があってこそ、初めて私たちは人間を研究対象にした科学を立ち上げることができるのである。

昨今のいわゆる「科学離れ」は、他者への無関心と結び付いているはずである。他者に活き活きとした関心を持たない時、その人の心の肌理《きめ》は荒れ始める。他者への真摯な関心を持ち続けることは、心をしっとりと柔らかなものに保つための処方箋《しょほうせん》である。現代生活を支える上で欠かすことのできない科学的観点を育むためにも、他者への関心を持ち続けることは極めて大切なことである。

アインシュタインの言葉は、現代においてもその深い意義を失っていないのである。

ところで、私たちの言葉と、それに根差した思考には、様々な罠《わな》がある。罠の一つは、「主語」という構造に根差している。ある主語を立てて議論をすることによって、議論が固定化し、開かれたものにならないという弊害が時に生じてしまうのである。

ある問題について議論していたとしよう。意見が対立した時に、誰かが「とにかく私はそう考えるんだから、仕方がない」と発言すると、もうそれ以上議論が進まない。「私」という主語が、その中をうかがい知れないブラックボックスと化してしまって、それ以上の議論を進めることが困難になってしまうのである。「それが私の考え方なんだから」と言われてしまえば、「ああ、そうですか」と黙るしかない。その言葉を発した側も受け取る側も主語が仕掛けた罠にはまって、身動きができなくなってしまう。

主語の弊害は、「私」や「あなた」といった、議論に直接関わる人に関してのみ生じるのではない。この世界について思考する時に立てる様々な主語たちが、それぞれの固有の罠に私たちをはまらせる可能性があるのである。

日本人は特殊である、日本文化はユニークである、といった類の議論の中にも、罠がある。「日本人は」「日本文化は」という主語を立ててしまうことによって、様々なことをブラックボックスの中に入れ、それ以上の開かれた議論を難しくしてしまうのである。とりわけ、日本人でなく、日本文化の中に育ったのでもない人たちに対しては、そのような議論は抑圧的なものになる。

もちろん、人間の思考の型の問題として、主語を明示的に立てない場合にも、記述の対象になる何らかの主体（subject）を立てざるを得ないことも事実である。人間が、原理的に意識ある「私」という視点の特別さから逃れられないように、世界について記述の主体をその都度立てること自体は、避けられそうもない。

私たちにできることは、世界を記述するために人間が用いる様々な「主語」を、その他の様々な概念との行き交いの中で相対化し、操作可能なものにして、開かれた議論への道筋を開くことであろう。他者への真摯な関心を持つことを通して「私」という視点を相対化したのと同じように、主語のブラックボックス性を解体していくのである。

より具体的には、「主語を置き換える」という作業を試みていくことである。主語を置き換えるということが何を意味するのか、「日本語は」という主語を例にして説明しよう。

「日本語は特殊である」という言い方が、私は好きではない。確かに、日本語には世界の他の言語にはない特色があるのかもしれない。しかし、「日本語は」という主語を立てて、その上で議論することによって、大切なことの幾つかがブラックボックスに入ってしまう。何よりもまずいのは、日本語を喋る私たちの立場を特権化してしまうことである。「日本語は」と言われてしまえば、他の言語を母国語とする人たちは、黙るしかない。

以前、あるシンポジウムで、「日本語は特殊である」と主張する人がいた。私は少しカチンと来て、しかしあくまでも冷静に、何故特殊なのかと質問した。すると「同じ文字（漢字）について、二通りの読み方（音読み、訓読み）があるから」「漢字、ひらがな、カタカナ、アルファベットと四種類の文字があるから」という答えが返ってきた。

私はなるほどと思った。それならば、こちらにも手がある。「特殊である」という述語の本当の主語は「日本語は」ではないからである。「同じ文字を二通りに読む言語は」あるいは「四種類の文字がある言語は」が本当の主語のはずである。このように定義しておけば、その先の様々な操作が可能なものになり、議論が開かれたものになる。

世界のどこかに、右の条件を満たす言語があるかもしれない。たとえ今はなくとも、今後現れるかもしれない。あるいは、かつてあったかもしれない。日本語以上に複雑な表記の体系を持つ言葉があるかもしれない。いずれにせよ、「日本語は」という主語を立てて議論していた時に比べれば遥かに自由な議論の可能性が、このように主語を置き換えた時に開かれるのである。

時には、自分自身が日本語を母国語としているという事実によりかかって、「日本語は特殊だ」と主張する人がいる。その場合、本当の主語は「日本語は」ではなく、「私にとって、母国語は」だろう。さらに置き換えれば、「世界のどこの国の人にとっても、母国語は」特殊だということになる。そうすれば、「日本語は特殊である」という表現が持っていた、それ以上の議論を封じる抑圧的なニュアンスは解消される。日本語を喋る人も、喋らない人も、同時に解放されるのである。

主語を、より操作性の高い概念で置き換えること。これこそが、科学が地道にやってきたことでもあった。「太陽は」という主語を、「内部で水素からヘリウムへの核融合反応が起こって、自ら光を放っている恒星は」と置き換える。「遺伝物質は」を「DNA」で、さらには、「DNAと同等のはたらきをする物質は」で置き換える。ある主語を立て、それをブラックボックスにしてしまって議論を止めてしまうという、私たちが日常生活の中でしばしば陥る罠を避けることで、科学は大成功を収めてきたのである。

主語を、より操作性の高い概念で置き換える。このような方法論が、人間はいかに生きるべきかという倫理問題と結び付き得ることを、敏感な読者は既に読み取っていることだろう。「若い女は」「高卒のやつは」「大学出のやつは」「田舎者は」「勝ち組は」「負け犬は」「ニートは」「引き籠りは」……。様々な主語を立てることで、この世界についての私たちの思考は促進されるとともに、罠にもはまる。主語を固定せず、操作可能な概念で置き換えていくということは、アインシュタインが残した「自分自身から解放される」という命題にも通じる、倫理的な態度となる。

他者を思いやる。主語を置き換える。様々な工夫を凝らして他者をブラックボックスの抑圧から解放することで、自分自身もまた、解放されるのである。

05　個別と普遍

全ての生物学的事実は、進化論の枠組みの中で初めて意味を持つ。これは、生物を巡る様々な事象を研究する者が、繰り返し肝に銘じている命題である。

万物の霊長たる人間も、また生物である。人間性を特徴付ける臓器である脳についても、進化という文脈の中に置いて初めてその機能の意味を十全に明らかにすることができる。人間がいかに生きるべきか、という問題を考える上でも、進化論的視点を避けて通ることはできない。

生物の何よりも大切な命題が「生き延びること」「子孫を残すこと」であることは否定できない。たとえそれが表面的には自己を犠牲にして他者のために尽くすことを意味しているように見える場合でも、人間の倫理を進化論的な枠組みの中で見れば、その意義は「生き延びるため」「遺伝子を残すため」ということになる。全ての人間の世界観や行動様式は、個体としてのサバイバルと、子孫への遺伝子の伝搬に寄与する限りにおいて、次世代に伝えられ、広く見られる普遍的な表現形質となることが許される。これが、進化論的な考え方である。

進化論的な視点から、人間心理の問題を扱うアプローチを「進化心理学」と呼ぶ。進化心理学は、人間の心のはたらきが進化の過程でどのように条件付けられ、生み出されてきたのかということを、明らかにしようとする学問である。恋愛を例にとれば、嫉妬、浮気、執着といった様々な心理要素が「進化心理学」の研究対象となる。文学や音楽は繊細な人間心理の機微を明らかにするが、そのような機微も、最終的には進化論的文脈の中でこそ理解することが可能であるという立場をとるのである。

もちろん、進化心理学のような考え方に反発する人たちは多い。全てを進化に帰着させる知のあり方は、人間の尊厳を傷付けるという感情的な反発もある。遺伝子決定論に対する生物の総合的な構造特性を重視した構造主義生物学の立場からの異議申し立てのように、より理論的な視点からの反対論もある。

現在のところ、チャールズ・ダーウィンの進化論、遺伝子の本体がDNAであるという発見を受けて発達してきた「ネオ・ダーウィニズム」や進化心理学の考え方に真っ向から対抗することは難しい。もともと、遺伝子のランダムな突然変異と、自然淘汰《とうた》による選択という二本の柱からなる進化論の体系は、全てがそこに吸い込まれていくブラックホールのような強力な磁場を持っている。たとえ、生物の構造や個体間の関係が重要であるという異議申し立てをしたとしても、そのような構造や関係性自体がランダムな突然変異と自然淘汰によって形成されていくという説明をされてしまえば、そのような理論の方向を論破するのは難しい。

資本主義という制度が、「アンチ」や「オルターナティヴ」として立ち上がった様々なものを吸収し成長していくように、ランダムな突然変異と自然淘汰という進化論の枠組みは、最初はそれに対する異議申し立てとして立ち上がったものをもその説明体系の中に吸収して、次第に高度化した。クジャクの雄の羽が次第に長く豪華なものになっていくことなどに代表される「性淘汰」や、蜂の群れに見られるような利他的行動のように、当初は進化論のテーゼに対する反例と考えられた事象も、実は進化論の枠組みで説明でき、むしろその典型例であるとさえ考えられることがわかってきた。

このような進化論の「モデル・チェンジ」の過程で、文化的なファクターや、社会制度を含め、あらゆるものが進化論の枠組みの中で議論できる可能性も、次第に見えてきている。リチャード・ドーキンスらによる「ミーム」(文化的遺伝子)の概念の提唱は、その典型的な事例である。人間の倫理の基礎を、それを支える脳内機構、さらには背景にある進化論的原理を援用しつつ研究することは、現在盛んに行われている。遥か昔に孔子のような優れた思想家を悩まし、人類の歴史を形作ってきた様々な概念を生み出すきっかけになった「人間はいかに生きるべきか」というやっかいな問いかけも、また、進化論というブラックホールの中に呑《の》み込まれようとしている。

とはいえ、進化論では人間性を巡る問題の全てを説明し尽くすことができないという思い、とりわけ、人間の倫理を、進化論だけで説明することはどこかで問題の本質を外しているという私たちの直観は根強い。そのような直観の背後には、それなりの合理的かつ切実な理由があるに違いない。

ただ、単なるアンチやオルターナティヴとして進化論的視点に対する異議申し立てをしても、成功する見込みは少ない。そのような試みは、多くの場合神々の哄笑《こうしょう》によって難破させられる。その屍《しかばね》の上に、進化論というブラックホールはますます膨張していくのである。

進化論に正面から激突すれば、高い致死率が避けられない。かといって、「人間はいかに生きるべきか」という問題が、進化論的な議論だけで尽きるとも思えない。

ここでは、少し別の視点から、進化論的な議論の意味を相対化することを試みたい。問題になるのは、私たち一人一人が「個別」化された存在としてこの世界に存在しているという厳然たる事実と、その事実と対のようになって現前する私たちの精神の中の「普遍」への契機との間の関係である。

弱者の「ルサンチマン」の感情を批判するなど、「人間はいかに生きるべきか」という問題に対して生涯にわたって真摯な関心を持ち続けたニーチェが、その処女作『悲劇の誕生』において世界の「個別化の原理」について論じたように、倫理の問題に関心を寄せる多くの論者は、世界が個別化されているという事実自体に割り切れなさを感じるようだ。私の経験に基づくと、進化論というパラダイムを、その実際的な有効性に対する尊敬の念を超えて世界観としてあっさりと受け入れ、それ以上の悩みを持たない人たちは、世界が個別化されているということ（すなわち、「私」は「私」であり、「あなた」は「あなた」であるということ）を事実として素直に受け入れることができる傾向を持つようである。

実際、進化論的視点が、その否定できない有効性を超えて暴走する際には、多くの場合その背後に世界の中にある「個別性」の本質を巡る思想的無反省が存在しているように思われる。

ある時、アメリカの言語学者ノーム・チョムスキーの講演を聴いていたら、盛んに保守派の「タフ・ラブ」の考え方を揶揄《やゆ》し、批判していた。タフ・ラブとは、もともとは子供に対してやたらと甘やかさずに、厳しく接するべきであるというフィロソフィーである。そのようにすることが真の意味で子供を育てる「タフ（過酷な）・ラブ（愛）」だというのである。

この考えを援用して、社会的弱者に対して安易に助けの手を差し延べることなく、厳しく接して自助努力を待つべきだとするのが、タフ・ラブの考え方で、そのような保守派の考え方をチョムスキーは非難していたのだった。

過酷な愛もたまには良かろう。しかし、タフ・ラブのような考え方を「ノー・ナンセンス」（生真面目）に推し進める人がいるとすると、そのような人に私たちが感じ取るのは「個別化の原理」の行き過ぎである。タフ・ラブの大前提として、私たちは世界がそれぞれ独立した「個」から作られているということを受け入れなければならない。その上で、個と個の間の障壁をあくまでも維持するという前提がなければ、タフ・ラブということは成り立たない。

街を歩いていて、通りに横たわっているホームレスのおじさんと、「私」はそれぞれ確固とした「個」としてこの世界に存在し、「私」と「ホームレス」の間には越え難い壁があるという考え方は、タフ・ラブのような哲学と親和性が高い。運、不運はあるにせよ、基本的に「自己責任」でそのような境遇になったのだから、そこから脱出するためにホームレスは自助努力をするべきだ、そのようなタフ・ラブこそが真の愛だという考え方は、世界の個別化の原理を素直に受け入れてこそ成り立つ。その結果として、自然に淘汰も起こるという進化論的帰結は、ひとつながりの論理構造の中に導き出される。

一方、ニーチェのように、個別化の原理を不条理なものと感じる、あるいは単純に追認するには忍びないと感じる人にとっては、タフ・

ラブのような考え方を素直に受け入れることは、世界観における耐え難い苦痛をもたらす。タフ・ラブの正義を信じて我が身を省みない世界観は、砂を噛《か》むように味気ない。それは、最良の場合でも、進化論のパラダイムを追認する陳腐な哲学を与えるに過ぎず、現在の公式的世界像を超える体系を志向することにも、実際に私たちが日々体験している心の動きの機微をリアルに捉えることにもつながらない。

全世界に学生運動の嵐が吹き荒れた頃、ジョーン・バエズが歌った『フォーチュン』のようなフォークソングは、明らかに個別化の原理を超えた世界を志向していた。床に寝ころがる酔っぱらいも、空爆の下でおびえて暮らす人たちも、「個別化の原理」を通して「この私」から絶対的に隔絶されてしまっているのではなく、私はひょっとしたら彼だったかもしれなくて、彼が、私になっていたかもしれないのである。そのような可能性を許容し、その示唆するところについて考えることこそを、世界がどうなっているのかを追究する原理問題としても、いかに生きるべきかを考える倫理問題としても大切に育んだ点に、あの頃の時代精神の矜持《きょうじ》はあったのである。

生物個体同士が生存や繁殖を巡って争うという進化論のパラダイムは、個別化の原理がなければ成り立たない。個体と個体が何らかの理屈で入れ替えられてしまったり、裏側でつながってしまっては、淘汰という大前提自体が崩れてしまう。モーツァルトの喜劇のオペラにしばしば見られるように、他人になりすましたり、同一性が入れ替わってしまうことが頻繁に起これば、進化論は崩壊する。喜劇性が「入れ替え」や「なりすまし」による同一性の相対化という土壌から生まれるとすれば、進化論は同一性を絶対視するノー・ナンセンスな世界像の上に立脚している。

個別化の原理を疑い、少なくともそれを全面的に受け入れることを潔しとしない精神は、論理的必然としてこの世界に顕れている「普遍」についての考察へと誘われる。この世界の最大の驚異の一つは、一人一人の人間という「個別」に、プラトン的世界の気配を感じさせる「普遍」が宿ってしまうという点にある。意識の中で感じる様々な普遍的なものたちの気配こそが、私たちを孔子の思想を受け継いだ孟子のいう「惻隠《そくいん》の心」に導く。意識の中で、私たちはそれぞれ他者には絶対不可視の私秘的な世界に閉じ込められているように感じるが、その私秘的な世界の中で感じられる普遍的な世界の消息が、個別化の原理を乗り越えるためのヒントを与えてくれるのである。

06　現代の野獣たち

映画関係の編集者と会った時、もはや高尚な映画も大衆的な映画も区別がないのだという話になった。

昔はそうではなかった。私自身の学生時代には、ハリウッドの娯楽大作を見て面白かった、などと言おうものなら、映画好きの友人にコテンパンにどやされたものだった。そんな低俗な映画は、まともに見るに値しない。よく、そんなものを見て恥ずかしくないなあ。お前も、もっと芸術的な映画を見ろよ。そんな風に馬鹿にされたものである。

そのようなプレッシャーをお互いにかけた結果、よりマニアックで、通をうならせる映画を見て、独自の視点で評論する「批評の軍拡競争」が促進された。

時代は流れ、件《くだん》の編集者が言うように、人々はあまり映画の「ランク」のようなものを気にしないで楽しむようになった。何よりも、難解な言葉を振り回す評論家の権威がなくなった。映画好きならば誰でも一目置くような批評の神様たちが表舞台から退場し、人々が、自分が感じたことをそのまま素直に表現することにためらいを感じないようになったのである。

このような傾向は、私が最近親しい友人に向かって「野獣化」という名で説明している時代の流れと関係しているように思う。「野獣化」

とは、体系的な知識や、論理的な筋道、イデオロギー、価値の序列などとは無関係に、自分の欲望を無条件に肯定し、それを他人に対して表出することをためらわない傾向を指す。野生の動物が他者の目を意識せずに食べたいものを食べ、やりたいことをするように、余計な社会的配慮をすることなく自らの欲動をストレートに表現することを是とする傾向が現れてきているのである。七面倒くさいことは飛ばして、一気に欲望の表出と満足へと向かってしまうのだ。

このような傾向が、単に「高尚な文化」から「低俗なサブ・カルチャー」への堕落として整理できるのならば、これほど楽なことはない。もともと、脳の欲望の文化は複雑で豊かである。脳がその神経細胞の活動と神経伝達物質のダイナミクスを通していかに欲望を構造化するか。そして、構造化された欲望がどのように社会化され、人々の間に流通する文化をなし、再び脳のダイナミクスにフィードバックされるか。そのような脳と世界をまたぐ自己言及的な欲望の回路の中で、最近の「野獣化」の傾向は、簡単には片付けられない複雑な問題を提起している。

もっとも、「野獣化」の傾向は、必ずしも全てが相対的な価値しか持たず、平等化される、「スーパーフラット」な世界観に直結するわけではない。価値の序列は緩くではあっても存在する。しかし野獣たちはそのようなことを気にせずに、野生のエルザのごとく気楽に現代を泳ぎ渡る。ハイ・カルチャーか、サブ・カルチャーかという分類は別として、この世に時に掛け値なしに素晴らしいものとの出会いがあることも事実である。しかし、現代の野獣たちにとっては、そのようなことは、ぜんぜん関係がないのだ。

学生の時、東京のサントリーホールでバッハの『マタイ受難曲』全曲を聴いた。ペーター・シュライヤーが指揮をして、福音史家として歌唱もした。魂を揺さぶる演奏だった。

この名曲の中に、「哀れみたまえ、我が神よ」というアリアがある。イエスが、第一の弟子であるペトロに「あなたは今夜、鶏が鳴く前に、三度わたしを知らないと言うだろう」と予言して、その通りになってしまう。ペトロは、自分の弱さがこのような結果を招いてしまったことを後悔し、涙を流す。取り返しのつかないことをしてしまった自分という存在を神の前に投げ出し、慈悲を乞うこのアリアの旋律は、バッハの全作品の中でも最も素晴らしいものの一つだろう。タルコフスキーの映画『サクリファイス』の中で使われたことでも知られている。「哀れみたまえ、我が神よ」の与える感動が、主観的体験として最上級の質を持っていることは疑い得ない。しかし、それを高尚／低俗という座標軸で捉えると見誤る。何よりも、この曲は、自分の信念のために苦難の道を歩いた一人の男＝イエスの人生を描いている。ハイ・カルチャーのように、社会のエスタブリッシュメントに既に受け入れられてしまったものとはその起源において志向しているベクトルが違う。強いて言えば、創始期のロックンローラーのような社会の規範との闘いの軌跡こそ、『マタイ受難曲』のテーマなのである。

最初から高尚／低俗の構造が決まっているわけではない。本当の感動は、むしろ既存の秩序とそれへのチャレンジャーの相克の中から生み出される。『マタイ受難曲』の感動は、エスタブリッシュメントによって「低俗」とされる文化さえ突き抜けて、より原始的で、人間的ですらない世界にさえ通じているかもしれない。ある時そのようなことを思った。

数年前、ぼんやりと道を歩いていた時のことである。ふと、『マタイ受難曲』を聴き終えた時に魂が感じる快感は、荒野の動物たちが、暗く寒く長い夜が明けて、東の空から太陽が出てくるのを見た時の感動と同じ質のものであるかもしれないという思いがよぎった。しばらく考えてみて、恐らく間違いないだろうと思った。少なくとも、そのような可能性を考えることでしか、私は次のステージに行けないのではないかと思った。

バッハのような音楽を書くためには、天賦の素質と、長い修練がいる。それを演奏する者にも、聴く者にも、意志の継続と忍耐を要求する。そのようなやっかいなプロセスを経由して初めて到達できる感動、すなわち、脳内における報酬となる神経伝達物質の放出が、アフリカのサバンナで夜明けを迎えた動物たちが感じる戦慄と質的に同じものであるとしたら——そのような可能性は、人類の到達した最も素晴らしい文化的成果を貶《おとし》めるよりは、むしろ微妙な回路を通じてより妙なる高みへと持ち上げてくれるもののようにすら直覚される。

もっとも、その理由をきちんと論理的に説明しようとすると、それなりの準備が必要なようである。

脳内の報酬系が通常のステップを省略して、短絡的なダイナミクスでも機能することはわかっている。途中の複雑なプロセスは、感動の前触れではあっても、そのものではないのだ。脳の報酬物質であるドーパミンを放出する神経細胞を電極で直接刺激する実験がある。ラットがレバーを押して、自分の脳のドーパミン細胞を刺激できるようにすると、ラットは何時までもレバーを押し続けて、ついには衰弱してしまう。まるでドラッグ・ジャンキーのようだが、実際、人間の薬物依存症で起こっている脳内過程も、本質的には同じことである。

最近のｆＭＲＩを用いた研究では、音楽を聴いた時の至高の感動も、基本的には食べ物や水、セックスのような生きるために必要な報酬に対する脳活動と同じであることが示されている。この研究では、被験者にそれぞれ自身が最も感動する音楽のフレーズを申告させ、その部分を刺激として用いた。曲は、全てクラシック音楽から選ばれた。自分の愛するフレーズを聴いている時の被験者の脳では、右に述べた、より原始的な生物学的刺激に対する報酬系の活動と基本的に同じ活性化パターンが現れたのである。

バッハの音楽を聴いた時の感動を支える脳のメカニズムが、薬物依存症のような短絡的な快感の脳機構と異なるのならば、話はやさしい。片方を高尚と呼び、もう一方を低俗だと決め付ければ良いだけの話である。両者に多くの共通点があり、恐らくは同じであると言っても良いくらいであるという事実を突き付けられた時、私たちは面食らう。高尚と低俗が生物学的効果として同じならば、その違いはどこにあるのか？　明らかにバッハを聴いた時にしか感じない主観的体験は、一体どこに消えてしまったのか。ここに、人間の欲望や文化について考えるための大切なヒントが隠されている。

同じだけの金が儲《もう》かるならば、何をやっても経済的には同じだ。資本主義の論理は基本的にはこれである。結果として遺伝子が残るならば、途中の生の履歴は何でも良い。進化論は、突き詰めればそのような論理になる。快楽の文化の「野獣化」は、結果としての快楽を重視する点において、資本主義や進化論の論理とつながっている。野獣たちが我が物顔になるのも無理はない。ここに人間の「野獣化」の紛れもない現代性がある。

バッハの『マタイ受難曲』は、右のような意味での資本主義でも、進化論でも捉え切れない場所に位置している。生物学的には直接意味のないプロセスにこそ、ペトロの涙の存在意義はある。保坂和志の言うように、小説の本質は、それを読んでいる時間の中にしかない。感動すれば良いというわけではない。このような視点から、快楽の本質について考えることは、昨今の人間の「野獣化」のプロセスの本質を、徒《いたずら》に全否定することなく、しかし批判的に見定めることにもつながるはずである。ここで言う「野獣化」が、アメリカのブッシュ政権によるむき出しの介入主義や、それをメディアの側から支えるFOXテレビのかもし出す雰囲気と共鳴することは、恐らく見やすい理屈である。

もっとも、ここではイデオロギーの話などをしたいのではない。脳の欲望の文化という視点から、今進行している事態の本質を見極めたいのである。

インターネットというメディアの自由を得た野獣たちは、オルテガ・イ・ガセットの『大衆の反逆』以来の批判的文脈などもはや気にもかけず、現代というサバンナを、美しく装ってしなやかに動き回っている。難解なことを言う「学識経験者」よりも、かっこいい外国人と結婚して「セレブ」な生活を送る元女優の方がよほど魅力的であるし、人間としても上であると感じる。このような現代の野獣たちのむき出しの欲望の表出の前では、全ての知的営為はそのアクチュアリティを失うかにさえ見える。

現代でも、毎朝起きると未解決の問題について考え始め、それを十年、二十年と続ける数学者はいる。しかし、そのような禁欲的努力は、「フィールズ賞」のようなハリウッド的セレモニー、あるいは一種の生理的奇跡のなせる「見せ物」としての回路を通してしか、大多数の野獣たちにはその存在すら認識されないようである。

一体、快楽の迂回《うかい》路の存在意義とは、何なのだろう。バッハとて、快楽の短絡回路を知らなかったわけではあるまい。わざわざ苦労して『マタイ受難曲』を作曲しなくても、短絡的に同じような快楽に至る道は、幾らでも開かれていたはずである。事を宗教的愉悦に限ったとしても、ひょっとしたら地獄へ至る道かも知れぬ様々な宗教的マンネリズム、儀式を採用すれば、同じ恍惚《こうこつ》の効果をもたらし得ることは、わかっていたはずだ。

バッハをはじめとする一部の人々は、何故複雑で迂遠な回り道をしたのか。そのような回り道なしに人類の文化が成り立たないことも事実であるが、昨今の文化の「野獣化」の現象を前に、いよいよクリティカルに迂回することの意義を問い直す時期がきたようである。

07　現代の多重文脈者たち

　東京のＪＲ代々木駅前の牛丼屋に入って食事をしていた時、店員の女の子がきびきびと働いているのを見て、ふと思ったことがある。何だか、真面目そうな、好感の持てる子だな。仕事以外の時は、何をやっているのだろう。この子の夢は、何だろう。牛丼を口にしている間に、そんなことを考えた。

　別に、ナンパをしようとしたのではない。その時、その店員の様子をきっかけに、ふと思ったことがあったから、今でも覚えているだけのことである。

昭和に活躍した三代目三遊亭金馬（一八九四―一九六四）が得意とした、『居酒屋』という落語がある。この中に小僧さんが出てきて、飲みに来た客がからかう。いかにも小僧が言いそうな受け答えをして、客の笑いを誘う。噺《はなし》の小僧はあくまでも小僧で、小僧としての人生を生きている。そのような世界観を前提に、落語は作られている。

しかし、現代の牛丼屋は違う。たとえ、ある時に牛丼屋の店員をやっていたとしても、他の時に何をやっているか、どのような文脈を引き受けているかはわからない。牛丼屋で働くということは、その子の人生における時間を切り売りすることに過ぎず、パーソナリティーの形成に何がしかの影響を受けることはもちろんあるだろうが、どれほどバイトを重ねたからといって、彼女の人生が、牛丼屋の店員そのものになるわけではない。彼女の人生の本筋は、バンドのヴォーカルかもしれないし、イラストレーターとしての仕事かも、あるいは彼氏との恋愛かもしれない。客もそのことをわかっている。だから、客が、女の子を、牛丼屋の店員だという文脈でからかうことはまずない。

職業にしろ、結婚などの私的な関係性にせよ、一昔前ならば、人生で、ある文脈を引き受けたならば、その人はその文脈にはまり、人格が文脈そのものと化するのが通例だった。居酒屋の小僧は小僧になる。学校の先生はそれらしくなる。主婦は家庭づき、お母さんはいかにもそうなる。いったん文脈を引き受けてしまえば、いかにも坐りが良い「そのような人」になる。それがごく普通のことだった。

一方、現代人は、誰でも多かれ少なかれ、一人で複数の文脈を引き受けて生きる「多重文脈者」である。このような流動化は、恐らくは高度経済成長時代に次第に顕在化し始めていたのだろうが、一九九〇年代以降の、インターネットや携帯電話、パソコンなどのITの爆発的な発展が、そのような多重文脈の引き受けをさらに進展させた。

例えば、五歳の男の子を持つ女性が、子供が幼稚園に行っている間にカフェで学生時代の友人と談笑しているというケースを考えてみよう。カフェにいる間、母親はキャッキャと笑って、まるで女子学生に戻ったようである。お洒落《しゃれ》をして、身のこなしも軽く話に夢中になる姿は、とても母親とは思えない。

その時、携帯電話に幼稚園から電話が入る。子供が熱を出したというのである。女性は急に真顔になり、ゴメン、迎えに行かなくちゃと席を立つ。幼稚園に駆け付け、「○○ちゃん大丈夫?」とやさしく声をかける女性の顔は、既にすっかり母親のそれになっている。見事に、「女子学生」という文脈と「母親」という文脈を、時間によって使い分けているのである。

もちろん、ＩＴが発達する前にも、子供が遊んでいる間にちょっと立ち話するとか、近所に子供を預けて出かけるとか、そのような文脈の切り分けは可能だった。しかし、そのような場合でも、子供にもしものことがないかと、常に頭のどこかに引っかかっている、だから、別の文脈に心から没入できないというのが実態だった。現代は違う。携帯電話や、メールの発達により、もっと安心して別の文脈に入り込むことのできる環境が整っている。ＩＴの発達が、複数の文脈を引き受けることを可能にしたのである。

元来、人間の置かれる文脈は、時間や場所に強く規定されていた。仕事場、家庭、飲み屋、クラブ。それぞれの社会的文脈に合わせて特定の空間が設われ、あるいは仕事、余暇、懇親の時間と区切られ、人人は場所や時間を移動しながら文脈を切り替えていた。

ＩＴの発達、とりわけ「モバイル」の進化は、場所や時間と文脈を切り離した。メールや携帯さえ通じれば話もできるし、必要なファイルも送れるようになって、どこにいても仕事はできるという人々が増えた。かつて、未来学者アルヴィン・トフラーが『第三の波』で予言した社会的変化が現実のものになったのである。

　文脈の流動化は、同時に、文脈の複数化をもたらした。一つの場所と時間の中で、一人が同時に複数の文脈を引き受けることが可能になったのである。休暇中も、メールや携帯で仕事に追われることは当たり前になった。逆に、いざという時に連絡さえつけば、通常ならば仕事をする時間に息抜きをすることも特段の問題なく行えるようになった。ＩＴが人間を自由にし、また束縛するようになったのである。

　私が現在所属する研究所はコンピュータ関係の専門家が多く、モバイル・コンピューティングに関しては猛者《もさ》揃いである。会議が始まると、多くの人がパソコンを取り出して、インターネットやメールのやりとりを始める。もちろん、議論が白熱すればネットも止めるが、メールへの返事を書きながら会話を交わすというのは、ごく普通のことである。空間的には東京にいて、目の前の相手と言葉を交わしていながら、同時に、メールの相手はパリにいるかもしれないし、シンガポールかもしれない。そのような文脈の同時引き受けが、取り立てて面倒くさいプロトコルもなしに可能になったのは、まさにＩＴ化の恩恵である。

文脈は、必ずしもその時に顕在化しているものばかりとは限らない。子供を幼稚園に預けている間にカフェで談笑している母親が顕在的に引き受けている文脈の中には、明示的には「子供」は入ってこない。しかし、潜在的には常に「子供」という文脈も引き受けている。だからこそ、昔の友達と学生時代のように談笑しながら、何かがあれば何時でも幼稚園に迎えに行けるよう、準備ができているのである。顕在的な文脈への没入が、潜在的文脈の存在保証によって実現する。そのような複雑な文脈引き受けのダイナミクスを可能にしたのも、また、ＩＴの発達の賜《たまもの》であった。

ところで、インターネットで即座に世界が結び付けられるようになった現在、戦争はやりにくくなったように思われる。多くの人が直感的にそう思っているのではないか。何かがあれば、即座にその動画がネット上にアップされ、世界中に流通する。先のイラク戦争に見られるように、そのような情報の過剰流通性が一種の「抑止力」になっていることは否定できない。

より根本に遡《さかのぼ》ると、戦争という状況と、ＩＴが可能にしつつある多重文脈性が、反対方向のベクトルを持っていることが大きいのではないか。戦争とは、典型的な単一文脈性の状況である。いったん戦争になってしまえば、理屈も何もない。敵も味方も、相手に勝つという単一の文脈に支配される。軍の規律の基本は、上官の命令には絶対的に服従するということである。無能な上官だから命令を無視しても良いのだとか、プライベートで今日はデートがあるから出撃命令を無視しても良いのだということはあり得ない。戦争や軍は、「戦うための指揮命令系統」という単一文脈を引き受けて、初めて成り立つ。他の文脈を導入して戦争という文脈を相対化してしまえば、戦争という機械のモメンタムは弱体化する。だからこそ、戦争屋は平和運動やサボタージュを嫌う。軍法会議にかけてでも、単一文脈性を維持しようとする。

　このように考えると、ＩＴが、私たちの生活に時間や空間の限定に縛られない複数の文脈を導入し、私たち一人一人を多重文脈者に仕立てつつあることは、他の何よりも平和に貢献していることのように思われる。直感的に言えば、居酒屋の小僧がそれ以外の何者でもあり得ない社会も、母親が二十四時間家庭に縛られなければならない社会も、戦争との親和性が高いような気がしないでもない。一方、牛丼屋の店員が同時にバンドをやり、イラストを描き、会議の時に参加者がパソコンでメールをチェックし、携帯をいじっている社会は、あまり戦争のような単一文脈性の状況には向かわないように思われる。そのような意味では、社会のＩＴ化は、世界の平和に大いに貢献している。ラブ＆ピースならぬ、ＩＴ＆ピースの時代が到来しつつあるようでもある。

しかし、良いことばかりではない。ＩＴがもたらす文脈の複数化は、「人間はいかに生きるべきか」という倫理の領域において、様々な難しい問題を引き起こしつつある。とりわけ、複数の文脈の間の整合性をとることが原理的に困難、ないしは不可能な問題群において、ＩＴの下での多重文脈者が直面する難問は、誰にでも心当たりのある、解決困難な状況を作り出しつつあるのである。そのことは、例えば、同時に複数の恋人と付き合い、メールをやりとりしている多重文脈の若者のことを考えればすぐにわかるだろう。あるいは、恋愛に限らず、複数の義務の間で惑う人のことを思えば、納得できるだろう。

元来、人間の脳は自らが置かれた文脈に合わせてそのはたらきを調節する、驚くべき能力を持っている。中心になるのは大脳皮質の前頭葉にある前頭眼窩《がんか》皮質と呼ばれる領域である。この領域が、その時々の文脈を読み取り、自らの欲望を調節し、行動を選択する上で重要な役割を果たしている。前頭眼窩皮質が何らかの理由で損傷されてしまった患者は、文脈に関係なく、自分の欲望をむき出しのまま追求するかのような症状を見せることがある。

前章で、現代が次第に自らの欲望をストレートに追求する「野獣化」の傾向を強めているというテーマを取り上げた。アメリカのブッシュ政権、ＦＯＸテレビ、ハリウッドの「ブロックバスター」映画とならべて見ると、そこには共通の「野獣化」の傾向が見られる。このような欲望のストレートな肯定が、ＩＴの進展がもたらす複数文脈化と同時に進行している。

かつてのNHKの朝の連続テレビ小説『おしん』に見られるような「がまん」の文化は、自らの置かれた文脈が単一のまま確固として存在し、容易に他の選択肢を選び取れないという認識の下に成立していた。第二次大戦中の日本の「欲しがりません勝つまでは」という標語も同じである。戦争は、戦闘状態という文脈以外のものを、時の為政者による有権的な戦争終結の決定がない限り排除しようとする一種の「免疫作用」を持っている。その中で、戦争という単一文脈以外の潜在的な文脈は抑圧され、顕在化の機会を奪われる。

戦争は極端な例に過ぎない。様々な制約によって、単一文脈性を余儀なくされてきた人間の生活の諸相において、今や複数の文脈を引き受けることが可能になりつつある。ＩＴを中心に進むこのような変化は、欲望する脳のあり方にどのような影響を及ぼすのか。開いてしまった「パンドラの箱」から飛び出してくるものたちの姿を、見極める必要がある。

08　子供であることの福音

福島県のいわき市立美術館に美術評論家の布施英利《ひでと》さんと美術のワークショップをするために出かけた時のことである。参加者の中から、「現代美術」が何をテーマにしているのかということについて、素朴な疑問が提出された。

ルネッサンスや印象派の絵はまだわかる。それに比べて、現代の作品は一体何が良いのか、一向にわからない。そんな批判が会場から飛び出したのである。

布施さんは、「現代の美術は、ピカソから始まって、技術を持った大人がまるで子供のようなものを作ることを心がけてきた。現代美術は、それが優れた作品であるほど、子供でもわかる、という点にその本質があるのではないか」という仮説で応じた。布施さんの言葉を聴衆がどのように受け止めたのかはわからなかったが、ここのところ考えていた現代における「子供」ということの位置付けと絡んで、私の中で共鳴するものがあった。

子供の方がかえって現代美術に素直に向き合えるというのは恐らく本当である。二〇〇四年にオープンした金沢21世紀美術館は、子供たちに大人気だという。一方、大人たちの間にはとまどいがあるらしい。金沢を訪問して、時間の制約で残念ながら件の美術館を訪れることはできなかった時に、タクシーの運転手との間でその話題になった。彼は「あそこはねえ、普通の美術館だと思って行くと期待外れですよ」と断言した。適当に調子を合わせていると、「絵を見たかったら、別の美術館に行くのがいいんじゃないですかね」と畳みかけた。あたかも、それが、「まともな大人」の判断であるとでも言いたげだった。

キャンバスを切り裂いて、その裂け目を作品としたり（ルチオ・フォンタナ『空間概念』）、便器にサインをして、美術館に展示したり（マルセル・デュシャン『泉』）、ごく普通の青リンゴをプラスティックの台の上に載せ、それが腐敗していく過程を提示する（オノ・ヨーコ『アップル』）など、現代美術の作品は、確かに、従来の美術作品という「文脈」の中では理解し難い自由な表現を追求している。そのような現代美術の傾向に、ルノワールやモネに親しんだ人々がついていけないと感じても、それはそれで仕方がない。

文学や映画、建築といった他のジャンルと比較しても、現代美術は、「何でもあり」の表現の自由こそをその存在意義としている。横浜トリエンナーレ２００１には、「制作予算の一部を預け入れる銀行口座を作り、それを共同使用する」という「設定」自体を「作品」としたものまであった。あらゆることが許されるという「自由」が、現代美術を支えている。それは、現代という時代そのものの特性でもあるだろう。

大人の脳は、様々な文脈に合わせて世界を認識し、行動することを知っている。だからこそ、現代における社会生活を送ることができる。

前頭眼窩皮質を中心とする神経細胞のネットワークが、そのような文脈依存性の世界との行き交いを支える。様々な文脈（「場の空気」）を読む能力なしに、人間は文明を創り上げることはできなかった。

しかし、その副作用として、大人は、時に文脈に過度に縛られてしまう。ある特定の文脈にはまらないものは、「美」と見なさなくなってしまう。印象派でないと、美術年鑑に載らないと、アートではないと思い込んでしまう。本当は美など世界の至るところに溢れている。何も、美術館の「ホワイトボックス」（白い箱の形をした空間）に囲い込まれたものだけが「美」ではない。木の葉に付いた朝露も、何気なく見上げる青空も、行き交う人々の笑顔も、時に国宝の美術品や世界遺産の教会と同じくらいに美しい。あらゆるところに美が溢れているということは世界の真実であるはずだが、うかつなことに、私たちはそのことを忘れてしまう。映画を見たり、恋をしたり、癌の告知を受けたりといった出来事がきっかけとなって、初めて身近な美に目が開かれる。そして、「昔はものを思はざりけり」などと詠嘆する。

子供が優れているのは、文脈から比較的自由だということである。ある時期までの子供は、天才的な資質を見せる。正確に言えば、天才がこの世界を見ているのと同じようなやり方で周囲を眺めている。子供は、天才が常識を破って世界についての新しい見方を提示するのと同じやり方で、この世についての知識を獲得していく。大人たちが当然だと思うようなごくありきたりのことでさえ、子供にとっては一つの驚異である。たとえ、それが世界にとっては目新しいことではないとしても、子供にとっては、世界全体を揺るがせるような大事件となるのである。

布施英利さんの子供は、ある時、遠くを歩いている人を見ていて、「あそこにいる人は小さく見えるけど、本当は小さくはないんだよね」と言ったのだそうだ。遠くにあるものは小さく見えるというのは、大人にとっての常識ではあるが、子供はそのような知識をどこかで学ばなければならない。その学びの瞬間に現れる認知的跳躍は、ひょっとすれば大人の完成された世界認識よりも遠くを、あるいは奥深くを志向しているのかもしれない。だからこそ、私たちは、子供の何気ない一言に、時に心を揺るがされる。

現代の時代精神に向き合う時、鍵になる概念の一つは、「子供」である。高度化した経済システムは、子供のように欲望をむき出しにした消費者のあり方を必然化する。それが紛れもなく現代のメルクマールの一つである。知的な生産物の価値が高まる中、創造的であるためには、「子供っぽさ」を残さなければならない。生産者としての「子供」が、消費者としての「子供」と結び付くのである。

生物としてサバイバルするためだけならば、守旧主義で生態系の特定のニッチを占めればそれで良い。実際、そのような生き物は、沢山存在する。自らが占める文脈に特化した「生きた化石」として、太古以来変わらない姿のままに棲息《せいそく》している生き物は多い。しかし、そのような生物は、解放された欲望も、新しいものを生み出す創造性も、高度に発達した経済システムも持たないだろう。

その時々に自分が置かれた文脈を引き受けなければ、複雑に発達した分業のネットワークによって支えられた現代文明の中で生きることはできない。その一方で、文脈に過剰に適応する、「井の中の蛙《かわず》」ならぬ「文脈の中の蛙」になってしまっては、文明を推進するエンジンであるイノベーションは起こらない。文脈を精緻《せいち》に担いつつ、同時に文脈から自由なダイナミクスを確保するという二律背反が存在してこそ、人間は今日の高度に発達した文明を創り出すことができたのである。

「ルネッサンス」や「印象派」といった文脈以外は美術ではないと思い込むことも、そのような文脈を離れて、自由に美術を愉しむことも、文明を支える人間の能力の二つの側面である。もっとも、「現代美術」

という文脈を一度立ち上げてしまえば、それもまた「ルネッサンス」や「印象派」といった既成のカテゴリーの延長線上に連なってしまう。そのような文脈の固定化を避けるために、アーティストは銀行口座を作品にすることを試みる。現代のアーティストの作品が時に滑稽に見えるとすれば、それは、あくまでも文脈からの自由を確保するという現代美術の存在意義自体に内在している制度的脆弱性である。

文脈から自由になるということも、放っておけばまた一つの文脈に着地する。自由とは、結局、文脈から文脈への遷移のダイナミクスの中でしか現れない。とりわけ、既に数多くの文脈への適応メカニズムを脳の中に貯えてしまった大人にとっては、文脈からの自由は、子供のそれとは違った形で立ち上がるしかない。文脈を引き受けつつ、文脈から自由になることが、高度に発達した資本主義の下での現代文明を支える重要な「インフラ」である以上、私たちはある種の哀しみを感じつつ、終わりなき文脈のダイナミクスの中に身を投じるしかないのである。

前章で、ＩＴの発達によって、同時に複数の文脈を引き受ける「多重文脈者」が出現しているという問題を取り上げた。

多重文脈者は、より多くの文脈を引き受けるに従って、次第に、文脈が希薄な「子供の領分」に近付いていく。文脈を引き受けることを積み重ねた末に、「一回り」して、文脈について無垢《むく》だった頃の境地に還る。そのようなプロセスこそが、現代の時代精神を形作っているのである。

文脈を有限に積み重ねていくことで、無限に通じる。そのような、無限それ自体（実無限）とは異なる形で、この世界に無限が示唆されるという形式（可能無限）の中に、「大人」が自分の中に「子供」を保ち続けるという人間の精神的「ネオテニー」（幼形成熟）の奇跡はある。「∞」（無限）を、直接提示するのではなく、「1、2、3、……」と記すことで、有限の文字列の先にそれをほのめかす。この、「……」に託されたものの中にこそ、一人前の大人として文脈を重ねていきながら、同時にあたかも子供のように世界に向き合うことができるという、人間の能力の本質が潜んでいるのである。

現代美術の表現の自由が、無から生まれたのではなく、歴史上の美の様々な様式を一つ、二つ、……と積み重ねてきた歴史の先に現れたということは、人間が現在立っている場所を確認する上で重要なことである。現代美術を愛好する私たちは、一見、あらゆる形式的制約から自由な表現世界を志向しているようでいて、実は、過剰なまでの歴史性を引き受けている。

ピカソは、単なる子供とは違う。美術における知識やトレーニングを蓄積していない「タブラ・ラサ」（白紙）としての子供と、揺らぎ、経て、一回りした芸術家の境地は異なる。経験を積み、人生が重層的になるにつれて、「タブラ・ラサ」の境地から離れていくと思いがちだ。しかし、人間は、文脈を積み重ねるにつれて、次第に、螺旋《らせん》状の軌道を描きながら「白紙」の原点に還っていくことができる。一つ、二つ、……と文脈を重ねていくうちに、その「有限の立場」が、突然、

「可能無限」に転ずる時、最も人間らしい可能性が生まれる。「ルネッサンス」や「印象派」にこだわる常識人から、現代美術愛好家への転換は、ワン・ステップに過ぎないのである。

ＩＴに踊り、際限ない欲望をむき出しにしている現代の多重文脈者は時として醜く見える。「もっと沢山のモノを」「もっと多くの情報を」という欲望には限りがない。しかし、その「1、2、3、……」を突き詰めていった時に子供の無垢に通じる天上の気配が現れるとすれば、そこに救いがあるのではないか。誰もが多重文脈者であることを余儀なくされる近未来に希望を託すとすれば、私たちは有限が可能無限に転ずるダイナミクスに希望を託すしかない。

子供であることは、誰でも知るように一つの福音である。文脈を積み重ねていった大人が「タブラ・ラサ」とは別の形で子供に戻りうるということの中に、人間固有の可能性がある。携帯をいじり、インターネットをサーフィンしている時、そこに子供の気配が現れるとすれば、その人は最良の意味で現代を生きている。

09 「精《くわ》しさ」に至る道筋

カルチャーセンターで脳に関する連続講座を担当している。三カ月ごとに取り上げる話題を変える。脳科学の最先端の論文を講読しながら、「美」や「言葉」「コミュニケーション」「創造性」といったテーマとの関係性を探る。「脳と文学」というテーマを選択したこともあった。「脳と文学」の二回目に、新潮社で十一年間小林秀雄の担当をされていた池田雅延さんに来ていただいた。池田さんは、『小林秀雄全集』『小林秀雄全作品』の刊行という大変な仕事を担当され、その編集作業も終えられてほっとひと息ついておられるところだった。偉大な先達ゆかりの大仕事を終えたというタイミングで、小林秀雄の仕事とその人となりについて、ぜひ何かお話しいただけないかとお願いしたのである。

当日、会場を埋めた聴衆とともに伺った池田さんのお話は大変興味深く、とりわけ、幾つかの具体的なエピソードが心に残った。

小林秀雄は日常生活の細かい点まで美意識を貫いた人だった。毎日晩酌を欠かさなかったが、そのお酒を美味しく飲むために、昼間から水を一滴もとらずに夜に備えたという。「お酒を飲みたい」という欲望も、そこまで徹すれば名人の域であろう。池田さんの話を聞いていた私の研究室の学生は、「オレもそうありたい」と一念発起していたが、彼がその後水絶ちを断行しているかどうかは知らない。欲望や快楽は「0」か「1」ではなく、無限と言って良いほどの階層を持つ。昼間にお茶やジュースを飲んでしまったとしても、夕方になってお酒を飲めばそれなりに欲望が満たされる。「ああうまい」という気持ちも、自然に発生するだろう。そのような欲望のあり方を生物学的に基礎付けられた「粗い」志向性だとすれば、水を絶ってより美味しいものとして飲もうという工夫は、「細かい」領域に属する。酒さえ飲めれば良いという欲望の大まかなあり方を、今仮に動物的あるいは本能的とすれば、さらにうまく飲もうという工夫はすぐれて人間的である。極端なことを言えば、酒をより美味しく飲もうという工夫から、文明が始まり、文化が生まれると言っても良いだろう。

一事は万事に通じる。批評の神様が小事にまで気を配っていたというのは、脳のはたらかせ方として「いかにも」という印象である。酒飲みは、小林秀雄の故事を思い、「神は細部に宿る」という箴言《しんげん》を肝に銘じるべきだろう。

酒の話はひとまず置くとして、池田さんの話で最も心に残った点の一つは、執筆が長年にわたった晩年の代表作『本居宣長』に関することだった。酒をいかにうまく飲むかという工夫よりも、こちらの方が本筋だと思う人がいても私は特に異議を唱えるものではない。

ある時、池田さんは、ついうっかりして「先生の本居宣長に対するイメージは、やはり、連載を始められた時と終えられる時では違うものだったのですか」と質問してしまった。小林秀雄はキッと池田さんを睨《にら》んだ。シマッタ、と思って身を縮めていると、にっこりと笑って、「私は、最初から本居さんがこういう人だ、ということはわかっていたよ。その本居さんの印象は、何年経っても変わることはない。ただ、精《くわ》しくなっていくんだよ」と言ったという。

「くわしく」というのは、小林先生の用語では「精密」の「精」という字を当てるのだ、と池田さんはわざわざ説明した。「くわしく」という言葉の柔らかい響きが心の中に染み込んできて、小林秀雄はそこできっと重大な何かを伝えようとしていたのだろうと感じた。

最初は粗く捉えられていたものが、次第に精密になり、研ぎ澄まされていく。そのような精神の運動は、酒を飲んだり、江戸時代の国学者について評論を書いたりする時にだけ有効なのではない、人間の心のはたらき方のあらゆる側面に適用できる一般原則である。

「本居宣長」とは何か、そのテーマについて「粗い」予感を持っていた時点での小林秀雄の心のあり方が、大著を書き終えて「精しく」そのテーマを捉え切った時点のそれに比べて劣っていたなどということはとても考えられない。「粗さ」の中に潜んでいる「精しさ」への予兆にこそ、私たちはむしろ惹《ひ》き付けられる。それは、生命という運動の一つの純粋な顕れでさえある。実際、小林秀雄ならば、大著を書き終えた後でも、書き始めた時と同じくらいの「粗さ」をもその胸の中に抱いていそうではないか。

「粗さ」の持つポテンシャルに敏感でなければ、ドイツ・ロマン派の「疾風怒濤《どとう》」(Sturm und Drang)のような運動は生まれない。青春が甘美なのは、「粗さ」の中に様々な発展への可能性がはらまれているからである。「粗さ」に内在するエネルギーが次第に具体的な「精しい」仕事へと結実していき、世の中に流通する何がしかのものになる。そのようなプロセスこそが、「青春」から「老年」への成熟のあり方の、一つの理想型だろう。

やがて来るものに対する「粗い」予感の中に、後に形を成したものの原型が全て含まれているとまでは言わない。外界と密に情報をやりとりする開放系としてこの世に生きている私たちは、周囲のものたちとのやりとりに影響され、人生の軌跡を変える。小林秀雄の『本居宣長』の内容が、人生の些細《ささい》な事件によって、あるいはある晩の酒のちょっとした飲み方の違いによって、重大な影響を受けたということは大いにあり得るだろう。

それにしても、少なくとも観念のレベルにおいて、「粗い」予感から「精しい」実現への道筋が、後付けで見れば一つの必然であるように往々にして見えるのは、そのような軌跡のあり方の中に人間の精神の運動に関する一面の真実が反映されているからである。

もともと、私たちが意識的にコントロールできることなど、限られている。ほとんどの脳内過程は、意識的コントロールとは無縁の、自己組織化、形態形成のプロセスとして起こる。『本居宣長』のような大著を執筆している時の小林秀雄の脳内の物質過程やその身体の動きも、一粒の植物の種が土に落ち、芽が出てやがて成長して花を咲かせるまでの自然の過程と本質的には同型である。

このような「粗さ」から「精しさ」へと移動していく精神運動の中には、人間の脳の記憶のシステムの性質が色濃く投影されている。ごく平均的な青年が成熟して老年になる過程には、「これが欲しい」「こうありたい」「あそこに行きたい」という欲望を担う脳の情動系に駆動された、記憶のシステムの精細なダイナミクスが反映されているのである。

コンピュータの記憶（メモリ）は人間の脳の「記憶」と同じ名前こそ付いてはいるが、その実態はよほど違う。

コンピュータの「記憶」が新たに書き込まれるプロセスにおいては、過去に蓄積された記憶のアーカイヴとの照合は特に行われない。ただ単に、空いているアドレスに機械的な書き込みが行われるだけのことである。特別なプログラムを書かない限り、過去の記憶との照合や、関連付けが行われることもない。記憶の間で、編集のプロセスが行われることもない。

一方、脳に新たに記憶が蓄積される時には、書き込みの段階において過去の記憶との照合が行われる。海馬や大脳皮質の側頭葉を中心とする長期記憶のシステムが、入力された感覚情報を今までに蓄積されているアーカイヴとできるだけ密接に関連付けして収納しようとする。長期記憶が書き込まれる際の脳活動は数秒にわたることがわかっているが、これは脳の認知プロセスとしては異例に長い。この間に、新たに記憶に書き込まれる内容と、過去の記憶のアーカイヴとの照合を行っていると推定される。

人間の新たな記憶の記銘が関連付けの中に行われるからこそ、既に知っている事柄に関する知識は蓄えられやすくなる。新しい英語の単語を記憶することは、英語が得意な人ほど容易である。機械的にただ音や文字として記憶するのではなく、それまでに蓄積された英語に関する知識と関連付けて覚えることができるからである。

「本居宣長」について関心を持ち、既に相当の知識を蓄えている人ほど、関連する新たな知見に接した時、それをスポンジが水を吸うがごとく吸収することができる。記憶の成長は、自己拡大的である。だからこそ、最初の方向性を決めるイニシエーションこそが大切になる。「粗い」知識が、次第に「精しい」知識になっていく。これが、脳の記憶のシステムの持っている基本的な性質である。自然界の様々な現象は、大きなスケールから小さなスケールまで同じ性質のパターンが繰り返す「フラクタル」性を持っている。木の枝分かれ構造が典型である。大きな幹が、次第に小さな枝へと分かれていき、その際基本的な形態の性質は変わらない。記憶のアーカイヴの「増大」においても、成長を続けても全体の様子がそれほど変化しない「フラクタル」のダイナミクスが関与しているのではないかと考えられる。そうでなければ、記憶のアーカイヴが次第により精しく、高度な状態へと長年にわたる成長を続けるのは不可能である。

「今すぐ、全てを！」という青春の疾風怒濤の欲望は、既に蓄積された記憶のアーカイヴがさらに成長を続けようとする時の、一つの形式である。遺伝子によってある程度のお膳《ぜん》立てはなされているとはいえ、基本的には「タブラ・ラサ」の状態にある赤ん坊の欲望と、青年の欲望の本質的な差異はそこにある。世界についてのある程度の知識が身に付いているからこそ、欲望の志向性がより精しくなる。単純に生物学的な必要を満たしたいというのとは異なる、文化的・社会的に関連付けされた欲望が、青年の疾風怒濤の内実をなすのである。

良い意味での「子供らしさ」と悪い意味でのそれの違いは、欲望の表出がどれほどの蓄積（教養）に裏付けられているかという点にある。創造的な人はしばしば子供っぽいが、それは世界について何も知らない単純なる子供っぽさとは違う。いくら成熟を重ね、世界についての教養を身に付けたとしても、フラクタル的成長を続ける脳の記憶のアーカイヴは、まだまだ青天井に自己組織化へのポテンシャルを潜在させている。老大家が、多くの達成の上に立ちつつも、さらになお疾風怒濤を志向することができるのは、そのためである。

成長へのポテンシャルは老大家とてそれほど衰えるわけではない。酸いも甘いもかみ分けた芸術家が、人生の経験から作り上げた内なる「巨人」の肩に乗って遠くを志向する時、そこに顕れる飛躍への気配が良い意味での「子供らしさ」となるのであろう。

孔子の「七十にして心の欲する所に従って、矩を踰えず」という言葉の謎を解く一つの鍵は、どうもこのあたりにあるような気がしてならない。生命原理に従う様々な運動のうち、「学ぶこと」ほど「矩を踰えず」という理想に近しいものはない。孔子の言葉と、小林秀雄の「精しくなっていくんだよ」という言葉は、お互いに近い境地にあるのではないかと直観する。凡夫はただ、その周囲をぐるぐると歩き回ってみるだけのことである。

10　私の欲望は孤立しているのか？

東京大学で文化人類学を研究する船曳建夫さんにお目にかかった時に面白い話を聞いた。多重人格障害（解離性同一性障害）はどのような脳のはたらきによって生み出されるのかということを議論していた時のことである。船曳さんは、「僕も大学の授業で、近代的な自我が一つしかないというのは幻想ではないか、という話をします」と言われた。たった一つの掛け替えのない「私」があるという近代的自我の概念は、必ずしも正しいとは言えないのではないか、自我というものは、もっと自由で豊かなダイナミクスを持っているのではないか、というようなことを文化人類学の立場から議論する。すると、学生たちはうんうんと大変面白がって聞くというのである。

ところが、授業の最後に、「ところで、人格が一つだけでないとすると、他の人格がしたことならば、借金をしても返さなくても良いことになるし、犯罪に対する責任も負わなくても済むことになるけれども、それで良いのか」と問いかけると、とたんに学生たちは、困った、というような顔になると船曳さんは言う。それまで沸き立っていた教室が、お通夜のように静かになるという。近代的自我の単一性を否定して見せるのは思想的スタンスとしては格好いいのだが、いざそれを実際的な社会問題に当てはめるとなると、困ったことがいろいろ生じてしまう。面白がっているといっても、そこまで考え詰めた末のことではないのである。

もっとも、学生たちの思慮が足りないということではない。自我の絶対性と相対性の関係をどのように考えるかというのは掛け値なしの難問である。論理の道筋を追っていけば、そもそも人間とは何かという究極の問い自体に抵触してしまう。

近代の資本主義は、個々の人格の単一性や独立性を前提にしなければ成り立たない。契約における債権者あるいは債務者という概念も、近代的自我の単一性が保証されなければ重大な危機に陥る。そのような点に鑑み、近代的自我という概念自体が、市場における取引を円滑に進めるために必要とされたある種の「インフラ」であったと考える論者が出てきたとしても不思議ではない。近代の資本主義を批判し、相対化する過程で、近代的自我自体を批判し、相対化するというのは論理的には見やすい理屈である。

インターネットに代表されるデジタル情報ネットワークという新たなインフラの上で、人間の欲望を無限に解放することを是認することで爆発的な発展を遂げつつある現代のデジタル資本主義も、近代的自我の成り立ちを前提にしなければ成立しない。掲示板やメールで匿名やハンドルネームが流行るからといって、経済的に見た決済（お金のやりとり）までもがそれで行われるわけではない。起業家が株式公開で巨万の利益を得ることが容認されるのも、彼は（彼女は）それだけのことをしたのだから、というクレジットを与える社会的合意が存在するからである。ある人にその仕事にふさわしい報酬を与えるという社会的「論功行賞」が可能になるのも、行為とその結果のフィードバックを帰着させることのできるハブとしての「自我」が存在してこそである。国際的な金融市場を通して莫大な額の貸し借りが行われる現代では、「自我」が絶対的とまではいかなくても少なくとも安定的に存在しなければ困るのである。

船曳さんの学生が、人格の多重性を議論する授業の最後になって沈黙してしまうのも、問題になっている「自我」が人間の近代の社会システムの根幹にいかに深く組み込まれた概念であるか、そのことに思い至って愕然《がくぜん》とするからであろう。社会的な自我の形成について、それを無条件の前提にしてしまうのではなく、様々な批評的見地から解体し、再構築を図ることは知的探求心に富む人間にとって当然の関心事であり、学問的にも意義がある。その一方で、全てを相対主義の海に投げ込んでしまうと収拾がつかなくなるという実際的配慮にも、単なる世間知と片付けられない深みがあることは事実である。

独我論にかぶれた人間も困ったものだが、自我は相対的だと言い募る若者も扱いに困る。議論を徒に混乱させないために必要なことは、近代的自我がそれほど恣《し》意的な構築物ではなく、人間の認識を支える脳のはたらきの中にその自然的基礎を持つという事実を、再確認しておくことではないか。

自我の中心には意識がある。そして、意識を考察の対象にする限り、「我思う、ゆえに我あり」というデカルトの命題に支えられた近代的自我には、自然の摂理に基づくそれなりの正当性がある。意識が、一人の人間という生物個体の脳の中の神経細胞の活動によって生み出されていることは否定できない事実だからである。「私」が意識の中で感じる全てのクオリアが、「私」の脳の中の一千億の神経細胞の活動として成立していることは、現在の脳科学の知見に照らして疑いようがない。だからこそ、脳科学者たちは、意識の中の様々な表象に対応する神経活動（neural correlates of consciousness）を解明しようと、単一電極計測や、ｆＭＲＩ、脳磁図（ＭＥＧ）などの様々な手法を用いて探究を続けているのである。

もちろん、意識の内容が脳の神経活動のみから生じるとすることは、この世界には私だけしか存在しないという「独我論」を意味するのではない。しばしば、いわゆる「脳中心主義」を批判する文脈から、「脳だけではなく、身体も重要である」「環境との相互作用も重要だ」「認識は世界へと広がっている」といった主張を目にする。そのような考え方の道筋は、傍目には「脳中心主義」を標榜《ひょうぼう》しているかのように見える脳科学者だってわかっている。大抵の脳科学者は、「意識の中で表象される内容は、全て脳の神経細胞の活動によって引き起こされている」という極めてテクニカルな内容を主張しているに過ぎない。この技術的論点に関する限り、相手が社会的構成主義者であろうが、ギブソニアンであろうが、脳科学者は一歩も譲る気はない。

意識が何によって引き起こされているかという問題をいったん離れれば、脳の神経細胞を巡るダイナミクスは、個々の脳に閉じているわけではない。脳は、一つの開放系ダイナミクスであり、環境と生き生きと相互作用することを前提にその機能を果たすようになっている。人間はすぐれて社会的存在であり、一人一人の脳の神経活動は他者との関係性に大きく左右される。私の意識の中で表象される内容が私の脳の神経活動によって引き起こされるものであることは事実だが、その神経活動に他者との関係性のダイナミクスが介在する以上、結果として他者との交渉が私の意識の中に反映されることになるのである。

脳の神経活動によって支えられる人間の欲望のあり方もまた同じであって、自分自身の利益を最優先する「わがまま」だけでは説明できない多様な欲望のあり方が存在するのが、人間の脳の興味深い点なのである。

そもそも、人間はおぎゃあと生まれた瞬間から、他者との関わりの中に自分の欲望を位置付ける必要が生じる。赤ちゃんの泣き声というのは、「何とかしてあげないと、いてもたってもいられない」という思いを起こさせる点において、史上最強のシグナルである。我が子がお腹を空かせて泣くとき、母親はその欲求を何とかして満足させたいと思う。父親はもちろん、縁もゆかりもない他人だって同じことである。生理的早産で生まれてくる人間は、他者の「利他的行動」によってこそ命をつなぎ、育っていくことができるのである。

「利他的行動」は、どのようにして生まれてくるのか？　この問題は、今日において認知科学や脳科学の大切な研究テーマの一つになっている。利他的行動は、とりわけ、プレイヤーの利害が必ずしも一致しない「囚人のジレンマ」のようなゲーム理論の枠内で研究されることが多い。その際に前提になっているのは、人間は放っておけば自らの利益のために行動する存在であり、他者の利益のために行動するのは例外的事象に過ぎない、という世界観である。

デジタル資本主義の下、様々な人間の活動領域における偶有性が露わになりつつある現在では、自らの欲望を追求することは是であり、エゴに基づく利益追求行動がまわりまわって経済や社会を活性化し、最終的には全体の利益にもつながるという予定調和の世界観が人々の共感を得ているようである。そうでなければ、かつての小泉純一郎首相の高い支持率は説明できない。IT企業をはじめとする様々なベンチャービジネスの経営者の生き方が支持を集めるのも、本音をむき出しにするアメリカのＦＯＸテレビのようなスタイルが人々の心の琴線に触れているからであろう。

三浦展《あつし》氏が『下流社会』の中で指摘したように、「下流」に属する若者の間で、「自分らしく」という価値観に共鳴する割合が多く、ニートの若者の間にむしろ起業意欲が高いというのも頷ける。自らの欲望を追求することを肯定する心情は、ニートの若者と億万長者の企業家との間に通底しているのであろう。

しかし、近代的な自我を前提とし、自らの欲望の追求こそを是とするという生き方やそれを支える脳のはたらきは、人間の持つ多様な志向性や行動のごく一部分に過ぎない。それだけを人間の公式的行動カタログだとすることは、狭きに失する。ゲーム理論を通して人間の利他行動を探究している研究者も、複雑な人間行動の一端をとりあえずはそのような単純化を通して摑み取ろうとしているだけのことであって、決してそのようなモノカルチャー的行動様式が人間実在の全てだと思っているわけではないのである。

人間の行動をありのままに観察すると、必ずしも自らの欲望だけに従って振る舞っているわけではない。赤ん坊がお腹を空かせて泣く時だけでなく、物心がつき、さらには学校に行き、成人してからでも、子供の欲望が、すなわち母親の欲望になるということは、日常でしばしば経験することである。母子関係だけではない。恋人たちの欲望は、しばしば相互依存し合い、交錯する。マザー・テレサのようにはいかないまでも、他人のために尽くしたいという現在の若者にさえ見られる心情は、最終的には自分（ないしは自分の遺伝子）の利益に適う行為をするという進化論的説明では汲《く》み尽くせぬリアリティを呈するかに見える。

自我は相対的な構築物に過ぎないというポストモダン的あるいは脱構築的言説が行き過ぎであるとすれば、デジタル資本主義やFOXテレビに見られるような、自他の区別を絶対として「私」の欲望を無限に解放する心情もまた極端である。

人間は、四歳くらいで、自分が意識を持つ存在であるということ、他人には心があることという二つの事実にほぼ同時に気付くことが知られている。「私」の心と、「他者」の心はまるで鏡に映したように一つの脳で同時に関連し合って発達してくる。

他者との関わりにおいて、自我を発達させ、人格を形成させるプロセスにおいては、自己と他者の欲望のダイナミクスはお互いに独立変数ではなく、むしろ絡み合い、関係し合い、一つの有機的組織をさえ作る。母子間関係から恋人同士の戯れ、さらには社会的契約関係まで、様々な事象が我欲から出発して「私」を離れる人間の脳の欲望のダイナミクスなしでは説明できないのである。

11　デジタル資本主義時代の心の在処

現代の脳科学の知見を参照しつつ、「私が」「オレが」という形で個の利益がむき出しにされる「欲望」のあり方の限界を見極めていきたい。そのような作業のうちに、孔子が『論語』の中で「心の欲する所に従って、矩を踰えず」と言ったことの意味も見えてくるだろう。日本で起こりつつある一連の出来事に関連して、欲望を巡る倫理規則の現代的変容について考えてみたいと思う。

デジタル資本主義の下で、欲望の全面的な解放に駆動されながら形作られるかに見えた日本経済の「新秩序」も、様々なことの化けの皮がはがれ始め、修正を余儀なくされ始めているようだ。一時期は旧来の倫理など吹き飛ばしてしまいそうな勢いだった「金で買えないものはない」と嘯《うそぶ》く新興の起業家たちも、結局は私たち現代人の人間としての生き方の根幹を揺るがすことなどなく、歴史の彼方に消えていってしまいそうだ。

携帯からのワンクリックで売買できるようになった株式市場では、過剰流動性の上で人々の「もっと儲けたい」という欲望が飛び交う。恋愛と同じく、金儲けの欲望の発露も「モバイル」になってしまった。長期的に企業を支援し、その利益から配当を得るための「投資」をすること自体には何ら異議を申し立てる理由はない。その一方で、株式価格の変動を利用し安値で買い、短期間のうちに高値で売り抜ける、あるいはデリヴァティヴ、先物などの様々な金融工学を駆使して利益を得る「投機」には、社会全体に新たな富を付け加える作用は見出しにくい。

もちろん、そのような投機を通して「資本の最適配分」が実現されるという大義名分を立てることはできる。それでもなお、個人が上げる収益の全体は、本来、平均株価の上昇によってキャップされるはずである。それを超える収益は、結局は「ゼロ・サム・ゲーム」の中で得られた他人からの所得移転の結果に過ぎない。「見ぬもの清し」とは良く言ったもので、隣に立った他人が私のポケットからいきなり札束を掴み出し、自分のものにしてしまえばびっくりするが、それと本質的には同じことがよりマイルドな形で、「合法性」というお墨付きの下に行われている。コンピュータや携帯の画面に表示された数値に、水面に映る影に驚いて跳ねる鯉のように反応し、その上がり下がりの揺らぎの中で自らの「稼ぎ」を最大化しようと苦闘する。それが、デジタル資本主義時代の「株式市場」における「投機家」の現実である。

しばしば、ゴールドラッシュにおいて確実に儲ける唯一の方法は、金を掘り出すためのスコップを売ることであると言われる。過剰流動性が支配する資本市場において一〇〇%確かな形で利益を上げる方法は、株の売買が行われる「ばくち場」を主催し、手数料などの方法でそこから「上がり」を吸い上げることである。長期保有による値上がりや、配当を期待するのではない限り、どんな利益も「ショバ代」を差し引いた上での他人からの収奪物であると肝に銘ずるべきだろう。かつて、オーストラリアの作家が書いた小説で、「宝くじは無知への課税である」という素敵な表現に接したことがある。無知への課税はこの世に沢山ある。ソクラテスの「無知の知」がいよいよ大切になる所以《ゆえん》である。

もっとも、ゼロ・サム・ゲームの中でお互いに収奪を繰り返す人間の行為を「自然に反する」とまで言うことはできない。生物界では、他者の犠牲の下に自らの利益を図ることは取り立てて珍しいことではない。生態系の生存競争の中では、弱肉強食はむしろ普通に見られる現象である。他の幼虫に卵を産み付ける寄生蜂は、やがてまるまると太った身体が食い破られるという幼虫にとっての「悲劇」については何らの顧慮も払わない。カッコウがホオジロの巣に托卵する時、カッコウのひなに落とされてしまうホオジロの卵の哀しみに対する配慮は、存在しない。同種のオス同士が、テリトリーやメスを巡って争い、傷付け合い、時には殺してしまうこともしばしばである。チンパンジーでは、他の集団を襲っての「子殺し」まで報告されている。

個体の間の闘争に限らない。多細胞生物の組織が出来上がる上では、余計に細胞を作っておいてその後で計画的に死滅させる「アポトーシス」と呼ばれる機構が発動する。細胞内の核酸や酵素、脂質の反応のネットワークは、見方を変えればすなわち生体高分子の間の弱肉強食である。生成消滅を繰り返す素粒子のダイナミクスは、消えゆく粒子に対する惜別の情をいちいち立ち上げていたのではやっていられない。

人間社会も、また、「自然の写し絵」のはずである。ホッブスの言う、「万人の万人に対する闘争」こそが、むしろ「自然状態」なのだと言える。デジタル資本主義の下での弱肉強食など、むしろ大したことはないと言うべきなのかもしれない。人為が、自然にはない独創的な野蛮を作り出すということは考えられない。原爆の投下は決して忘れることのできない惨禍をもたらしたが、かつて地球に小惑星が衝突した時にもたらされた破壊に比べれば、「核の冬」でさえ小さなスケールの下での再現に過ぎない。むしろ、地球から見れば風がそよりと吹いた程度の爆発を起こし、お互いの生命や財産を破壊し合うに過ぎないという点にこそ、魂を震撼《しんかん》せしむる原爆保有の「愚行」が象徴されていると言っても良い。

自然の中に既にそのひな型があるということをわかっていながら、私たちは同胞が次々と繰り出す愚行に憤り、傷付く。ある種の行為を「美しくない」あるいは「醜い」「許せない」と感じるのは、そこに心的表象を見たり感じたりするからである。

パソコンの前に張り付いて「見せ玉」や「売り抜け」といった技法を駆使し、デジタル資本主義の勝者にならんとしているらしいデイ・トレーダーの振る舞いが、少なくとも私にとっては「美しい」と感じられないのも、そのような行為をしている時の心的表象を想像するからである。同じ売買行為が、コンピュータ上のプログラムによって実行されているのであるならば、取り立てて言うほどのこともない。そのような行為に浸る人間の心の状態が受け入れ難いものだと感じるからこそ、私自身はデイ・トレーダーになろうとは思わない。もちろん、そのように人生の時間を使おうとするのは、その人の自由ではある。それでも、もっと有意義な時間の使い方は幾らでもあるのにと思う。

人間の様々な倫理観の背景には、自分自身や他人の心の状態を推定する「心の理論」と呼ばれるはたらきがある。原爆を市街地に投下しようという大統領の決断、それを実行する将校が考えていたこと、投下機エノラ・ゲイに乗ったパイロットの気持ち、いよいよ最後にボタンを押した時の感慨、そして、戦後六十年が経っても、市民の無差別殺戮《さつりく》という自分たちの野蛮な行為を正当化し続けることを止めない頑さ。そのような一連の行為、態度の背景にある種の心の状態を見取るからこそ、私たちはそれを許せないと思ったり、醜いと感じたりする。

同じ惨禍が、ニュートンの法則に従って運動してきた物質の塊がたまたま地球に衝突することによって引き起こされたのだとしたら、たとえそのせいで恐竜たちが絶滅してしまったとしても、私たち近代合理主義の下で生きている現代人はそれを仕方がないことだと考える。もちろん、一昔前の人ならば、そこに人類を罰しようとする神の怒りを見たかもしれないし、あるいは悪魔のたくらみを感じたかもしれない。しかし、そのような思考回路はもはや公式的世界観の中には存在しない。

心的表象を、宇宙の中の森羅万象のうちどのような部分集合に認めるか。そのことによって私たちの倫理規則の適用は左右される。端的に言えば、私たちは心があると認める主体だけに倫理規則の遵守を求めるのである。

デジタル資本主義の下における倫理規則がやっかいなのは、株式などの売買ゲームが、次第に心的表象の帰属におけるグレーゾーンに突入しつつあることに関連している。あらかじめ定められたアルゴリズムによって自動的に売買の注文が出される「プログラム売買」が株式市場の乱高下を招くことはしばしば見られる現象である。その結果、ゼロ・サム・ゲームにおける相互収奪の、倫理的に看過できない事態がもたらされたとしても、そのオートマトン（自動機械）的プロセスの一体どこに、私たちは怒りや非難のはけ口を求めれば良いのか。未必の故意やメタなレベルの管理責任などの概念を持ち出しても、今一つ事態の本質と切り結べていないという感触が残ることは否定できない。

ある意味では、デイ・トレーダーは、人間的スケールにいるだけにまだ温かい。デジタル資本市場の参加者は、サイバー空間に解き放たれたリヴァイアサン（怪物）としてのプログラム売買にぶら下がり、歓喜の悲鳴を上げている「ファン・ライダー」（楽しみのためにスリルを味わう搭乗者）に過ぎず、そこに倫理など持ち出しても迷惑なだけなのかもしれない。

一番恐ろしいことは、原爆の投下などに象徴される戦争の惨禍も、ある時期からデジタル資本主義におけるプログラム売買のごとく、この世で暴れまくるオートマトンに人間がぶら下がっているという事態に変質していたのではないかという可能性である。あるいは、戦争などという事態はとっくの昔からそうなっていたのかもしれず、だとすれば個人の良心に訴えかけて戦争を避けようという努力はお門違いだということになる。

いずれにせよ、「心」こそが倫理を考える上での基礎であるならば、私たちは全力を尽くして、ますます複雑化するサイバー世界における「心の在処」を再定義していかなければならない。そうでなければ、心なき自動プロセスの嵐に人間が翻弄される、想像するだに恐ろしい世界が現出することになるだろう。

既にその徴候は始まっている。大量のスパム（迷惑メール）に悩まされるのがインターネット・ユーザーの日常である。私のところにも一日数百件のスパムが来る。スパムの初期には、いちいちその送信元のアドレスを確かめ、プロバイダに通知したり、「もう送るな」と返信したりするといった「人間的」な行為がまだ有効に思えた。しかし、そのうち、他人のメールアドレスに成りすましたり、プロバイダも偽装したりといったタイプのスパムが現れ、一つ一つ対応することには何の意味もないという事態が現出した。

今や、スパムは膨大なメールアドレスのリストに向かって大量に放出され、その送信元アドレスにも送信先アドレスにも特段の意味はないということが「常識」と化している。もちろん、本を正せば、そのような送信プログラムを走らせる悪い輩《やから》が「自然人」として実在するのであろう。しかし、その「悪意」の所在は、世界的に広がったインターネット空間の中で、抽象的でぼんやりとした「ビット」としてしか感じられない。人間らしい心を起こして、下手に反応すれば、それ自体が相手に個人情報を与える愚行につながってしまう。もはやスパムはプログラム送信に伴ってインターネット上を飛び交う意味のない記号であり、その無意味さに辟易《へきえき》しながらもネットを使う以上付き合わざるを得ない心理的な「税金」であるしかない。

戦争が個々人の心には抗し難い「税金」であるとしたら、何と恐ろしいことだろう。スパムを戦争と結び付ける補助線の中にこそ、現代的な倫理問題の核心はある。その本質を目をそらさずに見つめる勇気が、私たちにはあるだろうか？

12　人間らしさの定義

「スパム」という「悪」の「非人間性」はすっかり身近なものになった。手書きの手紙を一通一通相手に送るのであれば必ず抱いていたはずの罪悪感や抵抗なしに、無意味なメールを大量に、手間を掛けることなくまき散らすことが可能になった。多くのユーザーは読まずにゴミ箱に捨ててしまうだけだが、十万人に一人でも読んで反応すれば、個人情報を獲得したり、ワンクリック詐欺を仕掛けようと悪だくみをしている輩たちは十分ペイするのであろう。

海の中に何億と産出され、拡散していくサンゴの卵のうちごく少数のものだけが着生する過程は、命の儚さと底力を感じさせて美しい。一方、多くの人の貴重な時間を奪って不正・不法な利益を得ようとするスパムはただただ醜く、不条理なだけである。そこにあるのは無意味な機械的ロジックの野放図な適用であり、現代における「人間」というものを深いところで崩壊させかねない、根深い問題を突き付けている。

「人間らしさ」は、この世にアプリオリ（先験的）に存在するのではない。「人間らしさ」とは何かということ自体が、時代の流れとともに緊張感を持って不断に定義され直されていかなければならないのである。「人間らしさ」の危機は、また、新しい「人間らしさ」の創成のチャンスでもある。

過去、「人間らしさ」は何度も深刻な危機に直面してきた。狩猟や採集の生活から農耕に移行して生じた貧富の格差。宗教の誕生と、それがもたらした福音と対立。戦争。様々な兵器の開発。一般市民に対する無差別攻撃。そして、原爆の投下。その度に、人間性は、「もうこれでダメだ」というような危機にさらされてきた。

そもそも、広島や長崎の惨劇を経た後でも、人類が「人間らしさ」を無傷のまま保てると思うこと自体が、真摯な思考者にとっては、人間性に対する一つの重大なる侮辱であろう。しかし、それでも人類は何とか生き延びていかなければならない。ボタン一つで人類全体が何回も自殺できる兵器を相変わらず製造し続け、備蓄しているという

「相互確証破壊」（ＭＡＤ＝「狂気」）の現代においても、人々は平然と仕事をし、レストランでワインを飲みながら笑いさざめき、愛し合っている。

時代は流れ、今日における「人間性」の危機と、そしてその定義の可能性をもたらしているものが、デジタル情報技術によって駆動された情報環境の激変にあるということは、多くの人が直感しているところであろう。ＩＴのもたらす人間性の変質は、核兵器のようなあからさまな脅威としてではなく、私たちの内側から作用する「ウィルス的」なプロセスとして深く静かに進行しつつある。

デジタル情報技術がもたらす可能性も、その恐ろしさも、世界の中の森羅万象がいったんその中に取り込まれて（写像されて）しまえば、換算可能なビットになってしまうという点にある。万物の変化を、コンピュータ上のシミュレーションとして再現できるという信仰の背後にあるのも、このような写像可能性である。個人のＤＮＡ配列がデジタル情報化され、ネットショッピングの購買履歴がサーバー上に蓄積され、付け焼き刃の個人情報保護法などでは対処し切れないような世界の写しとしての「スモール・ワールド」の自律的ダイナミクスが、サイバー空間内に実現しつつある。

コンピュータの画面上のクリック操作によって、何億円、何十億円というお金が動いてしまうデジタル資本主義の時代。もともと、換算可能性や流通性は価値の単位としての貨幣が普遍的に持っていた性質であるが、それがデジタル情報技術と結び付いて、人類がかつて目撃したことのない、ある意味ではそら恐ろしい事態が現出しつつある。

例えば、真夏の暑い盛りに一日汗だくになって引っ越しのアルバイトをし、夕刻に「ご苦労様」という言葉とともにやっと手にした一万円札と、デイ・トレーダーが手先でちょちょいと動かすお金の単位としての「一万円」。価値から見れば両者は確かに「等価」のはずである。デイ・トレーダーが自分の口座の残高を現金化して、物質的存在としての「一万円札」を握りしめることはもちろん可能である。

しかし、両者は本当に同じ意味を持つのだろうか？　ワンクリックで一億円を動かすとして、それは日給一万円で一年三百六十五日働いたとしても、二十七年以上の時の流れに相当する。十八歳の春に引っ越しのアルバイトを始めた青年は、一億枚目の一万円札を手にした時

おたせ載に手のひらに空を手の孫悟空を手のひらに載せたお

には、四十五歳の中年男になっている。孫悟空を手のひらに載せたお釈迦様《しゃか》ではあるまいし、指の筋肉のほんのちょっとした操作が、二十七年の歳月の重みと同じであるとまでは、さすがに傲慢《ごうまん》なデジタル資本主義万能主義者でも思うまい。

もちろん、ここで問題になっているのは、個々人の善意や悪意といったレベルのことではない。資本主義という制度が、デジタル情報技術と結び付いた時、右のような馬鹿げた事態が起こることは、あらかじめ予定されていた。証券や外国為替の市場が健全な流動性を保つためには、長期のヴィジョンに立って利害関係者となる投資家に加えて、短期の利益（あぶく銭）を掴むことを夢見る投機家の存在が必要であるという理屈も経済の専門家に教えられるまでもない。

それにしても、ワンクリックの果実と人生の半分の労働が等価になってしまう事態はどう見てもおかしいと思うからこそ、私たちは「人間」なのであり、将来に向かって不断に「人間性」を更新していくこともできるのである。ワンクリックで生涯賃金がやりとりされてしまうという事態に何の義憤も感じないとすれば、その人は人間以外の何ものかに変わってしまっているのだろう。倫理こそが人間を定義する。

問題の鍵は、等価性や流通性、換算性といったデジタル資本主義の概念的基盤にある。もともと、貨幣は、国家権力を背景にした強制流通力というインフラの下、世界のあらゆる場所に及ぶ流通性を持っていた。それがインターネットという物理的距離の制約を超えてデジタル情報が流通していく基盤の登場により、毒性の強い「ネオ貨幣」となった。

貨幣だけではない。デジタル情報技術は、物理的限定を超えて過剰な流動性を引き起こすことに適している。何事もビットの集まりになってしまうサイバー空間内では、デジタル情報がどのように配列しようが、操作されようが、全てはフラットで等価値であるかのような錯覚が生じる。ネット掲示板における、実際の生活実感からは遊離した形での「ネタ」投稿や、揶揄、中傷、罵倒《ばとう》の言葉の文字列が、それらが結局はデジタルのビットでしかないという言い訳（フラット化）によって許容される、というような「勘違い」が生まれるのも、それがサイバー空間だからに他ならない。

皮肉な言い方をすれば、インターネットの上では、「心の欲する所に従って、矩を踰えず」という孔子の「七十従心」の境地が、「全てはオッケー」という最もトリヴィアル（取るに足らない）な形で既に実現している。人を傷付けるのも、ネット掲示板上のネタならばオッケー、近隣諸国を罵倒するのも、「モナー」や「キボンヌ」と同じような2ちゃんねるノリならばまた良し、「売国奴」や「国賊」といった時代錯誤的な言葉も、デジタル情報としての軽いリズムでそれが記されるならば、別に目くじら立てて非難されるべきことではない。そのような、踏み外すことなどそもそもできない「ネット仕様の軽い矩（ノリ）」がネット上で醸成され、孔子様もびっくりのネット聖人君子が跋扈《ばっこ》している。せいぜい、社会的事件の模倣犯を気取った書き込みをしたおっちょこちょいが時々捕まるだけのことである。

このようなネット上に現出しつつあるすさんだ精神風景が、人間性を内部から崩壊させる重大な危機だと感じるのは、私が古い人間だからだろうか。

もちろん、「打ち壊し者」（ラッダイト）の役割を担っていればそれで済むというわけではない。情報技術がない昔に戻ればそれで済むということではない。ＩＴがますます進化することは避けられない歴史の必然である。かく言う私もＩＴのヘビーユーザーであり、生活自体がＩＴなしでは成り立たない。新幹線の中でエッジを通してネットにつなぎ、ケータイで仕事のメールを受け取り、一日何回もグーグルで検索する。ネット上のコンテンツが全て質が悪いというわけでもない。無料の百科事典、ウィキペディアのように、とりわけ英語圏において正確で良心的な情報源としての評価を高めている存在もある。生態学的に見れば、2ちゃんねるのような時に揶揄、皮肉、罵倒が過ぎるメディアもそれなりの「ニッチ」があるのであり、それを排除したり、無視したりするのは愚の骨頂であることも確かである。

「ワンクリックで生涯賃金」「ワンクリックで百万人に迷惑メール」「ワンクリックで振り込め詐欺」というような一連の事象が象徴するサイバー空間上の人間性崩壊の危機は、それが人間らしさの中核にある「情報」に串刺しされているがゆえに私たちの魂の足腰を萎《な》えさせる。本質論から言えば、それは、人間が「情報」というものに出会った瞬間から直面していたジレンマに関わる問題であるはずなのである。

もともと、全てのものを、等価であり、変換可能で流通性を持った

「情報」に取り込むという技術は、人間の脳の得意技のはずであった。目、耳、鼻、舌、皮膚といった感覚器から入力された物理的エネルギーが、神経細胞の活動という情報の単位に変換され、「私」という意識の下で統合される。それらの情報は、当初こそ視覚、聴覚、嗅覚、味覚、触覚といったそれぞれの感覚のモダリティ特有の「クオリア」を帯びており、お互いに混同されることもないが、やがて、感覚統合のプロセスの中で、全てのモダリティに共通の「意味」を担わされていく。そのような統合過程の一つの精華として誕生したのが人間の「言語」であり、その「言語」が、インターネット上の人間性解体の危機の淵源となっている。

言語を解さない動物にとって、身体の一部（指）の微少な動きが、春夏秋冬の生活史全体と比べられ、「同じ」だと見なされるというデジタル資本主義の論理など、想像だにしない滑稽な事態でしかないだろう。そのような現代の「神聖喜劇」を可能にしたシステムのひな型は、間違いなく意識を生み出す私たちの脳の中にある。

もちろん、今日のコンピュータは、人間の脳に比べれば創造性やコミュニケーション能力において遥かに劣る、単純なる情報処理機械に過ぎない。しかし、それが単純なるがゆえに、ネットワークとして連結された時に、人間の脳のはたらきの中に本来潜在していた傾向が純化され、その毒性が増してしまうのであろう。不要不急の事項に対する人間の想像力は限られている。現在進行しているＩＴ関係の事象が新奇に見えるのも、そのような事態を想像してみることに従来あまり意味がなかったからである。スパムやワンクリック詐欺などの事象は、言語能力を持ち、基本的な思考能力を持つ人間にとっては、短時間の説明で了解できる単純なる構図の中にある。イマヌエル・カントならば直ちにその意味するところを理解したことだろう。問題は時代を経ても変わらない普遍的な人間性そのものに根ざしている。「情報」を巡る古来の人間のジレンマ。サイバー空間がもたらした人間性の変質の危機は、そもそも「人間」にとって「情報」とは何かという本質論へと、まっすぐにつながっているのである。

13　夢の中ではつながっている

夢は、人間にとって不思議な体験である。いかにして、あれほどまでに独創的になれるのか、目が覚めてすぐに、今まで見ていた夢を思い出して、自分の奥深く隠れていた発想の泉に感嘆した経験のある人も多いだろう。

どうして、奇想天外なこと、意味深遠に見えることを思い付いたのか、目が覚めている時にはとても着想できないような詳細を、夢は自動的に作り出してしまう。全容が想像できないような迷路の中を彷徨《さまよ》ったり、頭上遥かに貝殻のようなシールドが覆う宇宙コロニーに立つ自分を見出したりする。レム睡眠時を中心に、覚醒《かくせい》時に匹敵する、あるいはそれ以上の脳の中の神経細胞の自発的活動が起こり、その結果、あの独特の主観的体験が生じる。夢は、実に脳という驚異の臓器の持つイメージ喚起力の精華である。

時折、「夢日記」をつけることがある。目が覚めて、夢で見ていたことを覚えていると、すぐにコンピュータに向かって記録する。そうでもしなければ忘れてしまうような細かいことが、直後であればありありと思い出される。習慣になると、不思議なもので、次第に夢で見たことを細部まで記憶し、書き留めておくことができるようになった。そのおかげで、私は自分の脳の中にどうやら隠れていたらしい、奇妙なヴィジョンのコレクションを所有している。

ジークムント・フロイト以来一つの「常識」になったように、夢は、深層心理を反映する。しかし、それは、容易に解釈が可能なものではない。心理学者の河合隼雄さんによると、夢は、その人にとっての「盲点」であり、本人にすぐに意味が解釈できるものではないというのである。

だからこそ、経験を積んだ専門家が「夢分析」をすることの意味がある。専門家が「横から見た」時に初めてわかる本人にとっての「盲点」がある。そして、専門家でも、分析対象のクライアントと親しくなると、かえって夢の意味がわからなくなることがあるという。立場が近くなり、同じようなことを感じ、考えるようになるに従って、

「盲点」を共有するようになってしまうと夢がわからなくなるというのである。

　夢の内容は自分自身にとってもわかりにくい。目覚めた後に首を「はてな」とひねりつつ考えても、容易にその「意味」を明かしてはくれない。例えば、一九九七年七月三十日に見た夢は、次のようなものだった。

〈私はタクシーに乗っている。タクシーの運転手が、私にいきなり五十ドルくれる。そして、これを全部使うんだったら、ただであげますよと言う。ただし、一ドルでも使い残しては駄目だと言う。そこで、私は、ひょっとしたらあなたは死んだおじさんの関係の方なのではないですかと言う。このあたりで、既に、次に何か恐ろしいことが起こるのではないかという予感がしてくる。その予感の通り、タクシーの運転手の手が、急に皺《しわ》だらけになって、その爪の先がとがって伸びてくる。ああ、恐ろしいと思ったところで目が覚める〉

夢を見た当時も、今も、この夢が一体何を表象しているのか、見当が付かない。河合説によれば、それはまさに夢が本人にとって気付いていないこと、無意識のうちに隠蔽《いんぺい》していることに属しているからで、意味がわからないのは当たり前ということになる。夢の不思議は、そのような、自分でも解釈が難しいようなストーリーが、時に非常に鮮明な視覚的イメージを伴って、リアルタイムで展開する点にある。覚醒している時の思考は、自らがその意味を大概は把握できるもので構築されているのに対して、夢においては、自分にとってさえ「意外」

な展開が、当然のように自然発生していくのである。

夢を見ている時の状態は、一種の「変性意識状態」である。自分が体験している内容を認識し、それを記憶しておける程度の「半覚醒状態」が維持される。その中で何故か、一見脈絡がないように思われる「意識の流れ」が生じる。考えてみれば、大変不思議な現象である。

夢は、どのような機能を担っているのだろうか？　昼間体験したことの記憶を整理する脳のはたらきの現れとして夢を見るというのが、現代の脳科学における有力な説である。レム睡眠時を中心に、昼間の記憶が整理・統合されて、大脳皮質の側頭葉に収納されていく。その過程で、夢を見るのではないかといわれている。実際、レム睡眠が記憶の定着に必要であるというデータがある。被験者の睡眠自体を一時的に奪ったり、あるいは脳波をモニターし、レム睡眠に入ると起こすといった実験により、レム睡眠が体験したことを定着させる上で必要であるという事実が示唆されているのである。

コンピュータにメモリが蓄えられる時には、特に整理は必要としない。外から入ってくる情報をアドレス上に順番に機械的に収納していくだけだからである。その証拠に、コンピュータは夢を見ない。夢を見ることが売りのコンピュータが開発されたというニュースも聞かない。

一方、人間は、夢を見る。記憶の整理に伴って、必ず夢を見るとは限らない。普段から（恐らくは覚醒時にさえ）無意識のうちに進行している記憶の整理の一部分だけが、夢という形で現れるのだと考えられる。

何故、人間の脳においては、記憶の整理が必要なのだろうか？

人間の脳における記憶システムの重大な特徴の一つは、様々な体験の「エピソード」から、世界を把握する際に役に立つ種々の「意味」が抽出されていくことである。典型的なのは、言葉の意味である。私たちは、母国語の単語一つ一つを、辞書的に覚えていくわけではない。

例えば、「冷たい」という言葉の意味を考えてみよう。

「この氷は冷たい」「冷たい空気が頰をなでた」「彼は冷たい性格だ」……。様々な状況における用例を通して、私たちの脳は次第に「冷たい」という言葉の意味を摑んでいく。「冷たい」が、「寒い」や「凍える」とどの点が共通で、違うのか、その微妙なニュアンスを摑むことができる。豊かなエピソードの蓄積があるからこそ、ネイティヴ・スピーカーは縦横無尽に言葉を使用することができるのである。学校教育における外国語学習のように、少ない用例で、辞書的に言葉の意味を覚えるのでは、ネイティヴのように柔軟に言葉を使うのは無理である。

脳における様々な「情報」の意義は、単なる情報論的な文脈だけにとどまるのではない。価値や欲望のような、感情の領域に属する文脈においても、整理が行われていく。夢に反映されるような脳内の神経メカニズムを通して、私たちは初めて現実を生きる上で避けて通ることのできない様々な感情の軋轢《あつれき》・矛盾を整理し、解消していくことができるのである。

河合隼雄さんは、「夢には、昼間意識的に生きている時に蓄積されていった歪《ゆが》みを解消するという意味がある」と言われる。現代人は、誰でも、ある程度無理をして生きている。河合さんが出されていた例は、「お金を借りに行った人の気持ち」だった。無意識の本音では、「このおっさん嫌な人やな」と思っていたとしても、意識のレベルでは「お金を貸してくれる良い人だ」と思い込んで、そのように行動するしかない。そのような矛盾を抱えていても、二人の人間に分裂するわけにはいかない。何とかそれらの点を統合して、一人の「私」になるしかないのである。「このおっさん嫌な人やな」という「本音」と、「お金を貸してくれる良い人だ」という「建前」の間で、何とか整合性を見出していかなければならない。そのような決死の魂の跳躍の中に、私たちの「夢」はある。

先に掲げた「タクシーの運転手」の夢も、私が当時の生活の中で感じていた感情的な軋轢を解消するための脳の無意識のプロセスが、意識の変性状態の中に反映された結果であるかもしれない。その意味が、すぐにわかる場合もあるだろうが、しばしば、河合さんが指摘するように、その意味が本人にもわからないまま、ただ強烈な印象を残す体験として、「夢見」は変性意識の流れの中に現れる。

「夢」が記憶を整理するプロセスを反映しているとしても、何故、それはしばしば夢を見ている当人にとっても不可解なものとして現れるのだろうか？　フロイトの言うような無意識の内の抑圧も一つの要素として考えられるが、「体験を整理して意味を見出す」という視点から見れば、より本質的な論点が浮かび上がってくる。体験を整理し、意味を見出す際には、現実世界では一般的に遠く離れた場所や時間で起こった出来事同士を結び付ける「補助線」を見出さなければならない。日常生活の中で、「冷たい」という言葉が用いられる場面は、物理的時空の中に散在している。それらの一見ばらばらの出来事を、脳の中で関連付け、整理して初めて、「冷たい」という言葉の意味が立ち現れてくる。その「補助線」の引かれ方が、しばしば既に確立された「意味」を飛び越えた、新しく探索的なものであるがために、多くの場合夢の意味はわかりにくいのではないか。

言葉の意味だけではない。脳の中の感情のダイナミクスにおいても、時空の中で離れた出来事同士が結び付けられ、統合される必要がある。

例えば、ある人物に対する私たちの感情は、様々な時と場所における

その人との折衝を反映して形作られる。ある時に好意を持ったとして

も、別の場所で不愉快な思いをしたり、間接的にその人の隠された行

状を聞いたりするうちに、その人に対する思いは変わっていく。感情

を持つ対象に関する体験が、現実の生活の中で散在された形で生起す

ることを考慮すれば、感情に関わる記憶や認識は、言葉の意味と同じ

ようにダイナミックに整理され、統合される必要があることが首肯さ

れる。

私たちが生まれ落ち、やがて死んでいくまでに体験する様々な出来

事が現実の世界の中で持つ「距離関係」と、それが意味や感情の世界

で統合される時の「距離関係」は異なる。脳の中の記憶の統合とは、

すなわち、現実世界の中の距離関係が意味や感情の世界における距離関係へと写像される過程であり、その写像のプロセスにおいて、私たちは様々な斬新な補助線を引かなければならない。夢が時に前衛的で、わかりにくいものである理由がここにある。

ところで、感情は、必ずしも現実の出来事に喚起された受け身のものではない。私たちは欲望し、希望し、恐れる。そのような感情の動きは、意図や決断といった行為へと向けられる積極的意義を持つ。私たちは、感情に駆られて世界にはたらきかける。

脳内の感情のダイナミクスにおいては一つながりのことでも、現実世界の中では連続した展開をするとは限らない。会いたい恋人がいても、ずっと一緒にいられるとは限らない。仕事や生活上の必要といった、様々な障害が、人生の中に代わる代わる現れる。時には、「死」という絶対的な障壁が立ち現れる時もある。現実の世界では、物質的な消滅という絶対的な終止に見舞われた対象も、愛や欲動の世界ではまだまだつながっている。エミリー・ブロンテの『嵐が丘』で、キャサリンを失ったヒースクリフの現実の生活は愛する人と取り返しのつかない形で離れてしまったとしても、その脳の中の情動世界には、まだキャサリンの魂とぴったりとくっついた自我がある。

現実世界は時に過酷であり、物理的法則の進行は意味の世界の脈絡など顧慮してくれない。だからこそ、人間は、夢の中で、現実の消息ではなく、詩的真実をこそ抱くことを願う。ヒースクリフは、夢の中ではキャサリンとつながっている。夢という、生物として生き延びるためにあみ出されてきた脳内の情報整理プロセスの残照が、私たち人間の魂にとって欠かせない糧になる所以である。その中にこそ、人間性をさらに精しく陶冶するための契機がある。

14　欲望の終わりなき旅

脳の研究をしていてしばしば尋ねられることの一つが、頭の良さは遺伝で決まるのか、それとも環境で決まるのか、といういわゆる「氏《うじ》か育ちか」の問題である。

一卵性双生児を対象とした研究などによれば、知能指数といった指標で測られる知性に与える遺伝子の影響は大体半分くらいらしい。しばしば、保守的な人は遺伝子の、リベラルな人は環境の影響を重視する傾向があるが、そう簡単に政治的立場だけで決め付けられる問題でもない。遺伝子の影響が全くないはずはないし、育てられ方で変わらないはずもない。天才科学者の子供が必ず天才になるわけではないし、親が勉強嫌いでも、子供は向学心に燃える、ということはある。氏と育ちは、半々くらい、というのは、私たちの常識的なセンスに照らしてみても、妥当な線である。別の言い方をすれば、今の科学の水準では、そのような「常識的なセンス」を超えるような結論は得られないということになる。

それにしても、「頭の良さは、遺伝か、それとも育てられ方か？」と質問されて、「氏と育ちは半々である」と答えるだけでは、あまりにも芸がない。何よりも、学問としての深みがない。何かもっとうまい答え方はないものか、と折に触れて考えていた。

漫画家の萩尾望都《もと》さんと対談した時のこと。打ち合わせの時に、萩尾さんが、「今日は茂木さんに、遺伝子と環境、どっちが重要なのか、お尋ねしたいと思っています」と言われた。さて、これは困った、と思った。何時ものように、「半々なのですよ」と答えるのでは、あまりにも芸がない。萩尾さんのようなカリスマ漫画家には、もう少し気の利いたことを言いたい。何とかしなければ、と思いながら廊下を歩いているうちに思い付いた。人間、追い詰められると何とかなるものである。

人間の知性の本質は、その「終末開放性」（open-endedness）にある。そのことが、「氏か育ちか」ということを考える上で、本質的な意味を持つと直覚した。このアイデア一つの向こうに、様々な問題群が広がっていることもすぐにわかり、私はほっとすると同時に嬉しかった。「半ばは遺伝で、半ばは環境である」といった回りくどく、「政治的に正しい」言い方の不自由さにはない、学問的広がりがそこにあるように感じたからである。

人間の脳は、心臓と同じで、休むことがない。それに伴って、脳内の回路は一生学習をし続ける。大人になっても、脳の組織が完成して固定化してしまうことなどなく、神経細胞のシナプス結合のパターンは生涯の間変化する。ここまで回路が出来上がったら、それで完成ということはないのである。

従って、人間の脳の回路が、遺伝子によって決まっていたとしても、その「完成形」は原理的に存在しないことになる。たとえその最終的な「落ち着きどころ」（物理的に言えば、「熱力学的準安定状態」）が存在したとしても、せいぜい百年の寿命しかない人間の生涯では、そのような最終形をとるには至らない。人間の才能が、仮に遺伝子によって完全に決定付けられていたとしても、私たちはその最終的帰結を見ないままに、死んでいってしまう。内なるポテンシャルを十全に発揮しないうちに人生が終わってしまう無念は、アインシュタインやモーツァルトのような天才も、凡夫も変わることがないのである。

「人間の知性は、いつまで経っても完成形を迎えることのない『終末開放性』をその特徴としています。だから、たとえ、遺伝子によっていかなりの部分が決まっていたとしても、実際的な意味では決まっていないのと同じなのです。遺伝子によって決まっているという運命論など気にすることなく、前向きに生きれば良いのです」

対談中、そのように萩尾さんに申し上げたら、「ああそうですか」とおっしゃる。それから、「じゃあ、茂木さんのクローンを百代続けて作れば、遺伝子に書き込まれていた帰結が見えるのかしら」と畳みかける。それはそうかもしれないが、単純にクローンを作製するだけでは、脳回路はリセットされてしまうから、最初からやり直さなければならない。本格的にやろうとすれば、クローンを作る時に百歳の私の脳回路を「コピー」しなければならないが、そんな技術はもちろん存在しません。そう申し上げて、対談を切り抜けた。

即座にぶっ飛んだアイデアを出してくる萩尾さんのＳＦ的想像力はさすがだ。しかし、残念ながらその素晴らしいアイデアを実地で検証することは難しそうである。いずれにせよ、行き過ぎた遺伝子決定論の呪縛から逃れるためには、萩尾流の前衛的なＳＦ思考は案外良い解毒剤になるのかもしれない。

個人の人生を離れて、人類全体としての歴史を見ても、終末開放的な発展は、まさに人間の知性の本質である。「もうそろそろここで終わり」と思った時に、常に新しい展開がある。私たち人類が内側に秘めているポテンシャルの行く末を垣間見ようとしたら、人類はそう簡単にヘマをして絶滅してしまってはならない。人類の歴史には、まだまだ先があるのである。

数学の歴史を振り返ってみても、「ここでもう終わり」と思う度に、次々と新しいアイデアが誕生してきた。ユークリッドの『原論』以来、幾何学は図の助けを借りつつ公理から出発した推論を積み重ねる学問だった。「我思うゆえに我あり」のデカルトによって「座標系」が考案され、幾何学の問題を方程式で扱う「代数幾何」が誕生した。ガロアの「群論」、リーマンの「非ユークリッド幾何学」、カントールによる「無限集合論」というように、次々と「従来の枠組みを超えるサプライズ」が誕生することによって、数学の「終末開放性」は保たれてきたのである。

二十三世紀くらいの数学者から見ると、人類の現在の数学的水準は「まだまだだったな」という風に回顧されるに違いない。

音楽もまたそうである。モーツァルトが古典派音楽の一つの頂点を極めた当時、「音楽はとりあえずはこれで完成」と感じた目利きがいたとしてもおかしくない。ところが、その後、ベートーベン、ワーグナーがロマン派音楽を展開する。世紀が替わって、シェーンベルクやベルクに始まる現代音楽の系譜が「実存的不安」を描いて新しい可能性を見せた。そのような動きもやや煮詰まり感を漂わせ出したと思ったら、ジャズやロックといった全く異なる水脈から新しい音楽の可能性が示される。フュージョン、テクノ、ヒップ・ホップ……と今日に至るまで次々に新たな楽曲のスタイルが繰り出されてきた歴史を見れば、音楽がこれからも終わりがない発展を続けるであろうことは十分予感される。

人間の欲望について考察する時、数学や音楽に例を見る、人間の精神運動の特性を視野に入れて考えなければ見誤る。私たちの知性が半永久的に完成を見ない終末開放的発展をメルクマールとしているからこそ、人間の欲望には限りがない。白川静さんのように、百歳に近付いてもなお学問的情熱を失わなかった学者がいるのは、学問というものが、まさに短い人の一生ではとても汲み尽くせない「終わりなき旅」だからである。

終末開放性に寄り添った欲望が結果として良質のものになるのは当然のことである。かつて、本居宣長の下に参集した弟子たちの中には、裕福な商人たちも多かった。散々様々な贅沢をし尽くした旦那たちが、宣長の教えを受けて「いやあ先生、学問ほどの快楽はありませんな」と感嘆したという。学問の快楽しか知らない学者が言うのではない。世間の酸いも甘いも知り尽くした「世俗の人」がそう言うのである。

欲望における終末開放性が最も純粋な形で現れるのが学問であるとすれば、商人たちが宣長の下で生涯最大の快楽を知ったのも、当然のことであると言える。

もちろん、学問に比べればより現世的で肉体的と思われるような領域における欲望においても、終末開放性が重大なモティーフになっていることは言うまでもない。そもそも、一生涯の間絶えることなく変化し続けるという脳の神経回路の特性は、何も学問に関わるそれに限った話ではない。生物としての基本的な欲求、人間の身体性に根ざした欲望もまた終末開放的発展を内在させており、だからこそ欲望に関する人間の文化には終わりがないのである。

食に関する欲望も、単に、お腹が空いて、それを満たすということだけの繰り返しならば、「欠乏」と「充足」の単純なサイクルが延々と続くだけのことである。しかし、人間の食に関する欲望には、「官能」の次元がある。単に生きるために欠かせないエネルギーや栄養素の必要を満たすというだけではない。食することで感じられる様々なクオリアの終わりなき世界の中に、人間は遊ぶことができる。まだまだ先がある、とばかりにクオリアの官能を突き詰めていくという点において、食に関する欲望は、学問におけるそれと同じような意味で永遠に完成を見ることがないのである。

脳の中の神経活動から意識が生み出される第一原理は未だわかっていないが、この宇宙の中で意識を持った主体が原理的に感じることのできるクオリアのごく一部分しか私たちが経験できていないことはほぼ間違いない。私たちは、コウモリやカタツムリが恐らくは感じているであろうクオリアを知ることはできない。クオリアは、原理的に極め尽くすことができないという意味で、端的な終末開放性を持つ。

食に関するクオリアは、味覚だけでなく、それを嚙んだ時のテクスチャや、見た目の美しさ、喉ごしなど様々である。そんな中、ワインの味わいは、クオリア探求が最も純粋に追求され、芸術まで高められたものの一例かもしれない。

ワインの味わいは、極めようと一生努力したとしても極め尽くすことができないという意味で、人間の欲望を巡る文化の精華である。立花隆さんによれば、フランスの専門家がワインの味わいを表現するのに用いる言葉は二百種類以上あるということである。単に、エタノールの化学作用で酩酊《めいてい》する、というだけのことならば、それほどのヴォキャブラリーを駆使する必要はない。純粋数学と同じくらいの終わりのない世界が広がっていると直覚するからこそ、ワインの専門家は単なる商売ではないライフワークとして味覚の求道につとめるのである。

私が、最初にワインの味覚の奥深さに目覚めたのは、シャトー・ラフィット・ロートシルトだった。口に含んで飲み込んだ後に、未だ感じたことのないクオリアと出会った。通常のワインの味わいの上に、極上のコンソメスープの香りがうっすらと乗っている。空は普段は均一な色をしているが、日没の時など、赤い地平線の上にどこまでも澄み、やや黒ずんだ青が広がる。あの空の気配のような爽やかで心を惹かれる何ものかの気配が、グラスの中にあることが感じられた。

それ以来、何回か同じシャトーのワインを飲んでいるが、不思議なことに二度とあの感覚に出会うことができない。飲んだヴィンテージが何年で、ボトルを開けてからどれくらい経っていて、温度は幾らで、というようなことが定かではないので、再現したいと思ってもしようがない。ただ、「あのクオリアは良かった」と思い出すだけのことである。

将来、二十三世紀くらいになって、私たちが意識の中で感じるクオリアを生み出す自然法則が明らかになった時、ワインの好事家が追い求めているものと、純粋数学者が探究していたものは、実は同じだった、ということが明らかになるだろう。

そのような時が仮に来たとしても、依然として人間精神の前には終末開放的な世界が広がっており、人々の欲望は終わりのない旅を続ける。そう考えると人間の欲望というのはとてつもないものである。人間の欲望には限りがないからこそ、孔子のような聖人の言葉が心に染みる。

15　容易には自分を開かず

人間の知性の本質は、一言で表せば、その社会性にある。これが現代の脳科学が教えるところの人間というものの成り立ちの核心であるが、一方でそこには容易に解くことのできないパラドックスがあることも事実である。

言語のような典型的に他者と関わる能力はともかく、自宅に何年も閉じ籠ってフェルマーの最終定理を解決するといった抽象的思考も果たして社会的知性と言えるのかどうか？　もしそうだとすると、社会性という形で世界に対して開かれた出自を持つ能力が「自己」の中に「折り畳まれる」形で内在化、そして時には私秘化していくプロセスが何らかの形で記述されなければならない。

そもそも、人間の知の中核に社会性、なかんずく他者とのコミュニケーションがあるという事実が意外に感じられるのは、知性というものが直観的には世界との交渉からとりあえずは切り離された形でも存在し得るように見えるからである。コンピュータ上のアルゴリズムで書けるようなプロセスには、社会性は明示的な形では関与しないようにも見える。「巨大素数を求めるプログラム」は、人の心がわかるということとは無関係なようにも思えるのである。

生まれたばかりの赤ちゃんがすぐに周囲の大人とのふれあいを求め

るように、人間の精神の発達そのものに他人との行き交いが必要であるという事実だけは否定できない。他者との生き生きとした折衝が、いかにして数学のような純粋で孤立しているかのようにも見える知性に接続するのか？　知性の起源を巡っては、そのような理論的な課題もあるが、より身近な問題としてここのところ気になっているのが「他人に対して生き生きとした関心を持つこと」と「自己の心の状態に注意を向けること」の間のやっかいな関係である。

自分のことにしか関心がないナルシシズムは醜いだけである。客観的な批評基準に準拠せずに、延々と自分語りを続ける人たちにはうんざりさせられる。その一方で、他人に心を開き、あまりにもスムーズにコミュニケーションを続けるだけの人間にも、どこか信用できないものを感じる。真摯であれば、時に他者を避けるのが自然なのではないか。自分の内に籠り、鬱々《うつうつ》とする時間もまた必要なのではないか。人間の知性の本質が社会性にあるのが事実だとしても、時には「我」の中に閉じ籠って曰く言い難い私秘的な思いを醸成することなくして、深い世界洞察にも、気持ちの良い創造的跳躍にも到達することはできないだろう。私たちは、人間の精神のあり方について、そのような直観も持っている。

一般に、人間の成り立ちに関する考察は、AかBかという形で立てられた時にはそのどちらでもなく中庸が正しい。「唯脳論」に対して、身体や環境との相互作用が大事だと言い募ることは簡単だが、意識の中で感じられる全てのことが脳内現象であるということもまた否定することのできない事実である。結局、人間の本質は脳にも、身体にも、そして環境との相互作用の中にもあると考える中間的思想の中に真実はある。意識中心主義も、身体論も、その論理の切れ味は世界についての全体知の中で位置付けられるべきであって、そうでないと単なる「サブカル」(世界の中の断片しか引き受けない部分知)になってしまう。

ナルシシズムも関係性への丸投げも生き方としては拙《つたな》い。自己を他者に対して、そして世界に向かって開かなければならないのはもちろんだが、狭くてやり切れない自己の内に立て籠るやっかいな歓びを知らない人に対し、世界はその秘密を解き明かしてはくれない。時には、世間との交渉を第一義とせず、狭い世界の感触にだけ没入することが、思いも掛けない広大な表象空間への鍵を開けてくれることもある。そのあたりの消息を、シンフォニーを作っている時のモーツァルトも、「批評とは無私を得る道である」と看破した小林秀雄も熟知していたのではないか。

伊藤若冲《じゃくちゅう》の絵に惹かれたのは何がきっかけだったろうか。動物や植物を描き「超絶技巧」としか言いようのないその画業は、幼少期から蝶の採集に親しみ、一介のナチュラリストであった私にとって、一目で好意を抱けるものであった。人間を描くことはむしろ希で、宇宙の中の森羅万象を等しく眺めるその視線に惹き付けられた。

もっとも、実物を頻繁に見るようになったのは最近のことである。東京の森美術館で開かれた『ハピネス展』では、アメリカのプライス

・コレクションの枡目《ますめ》描きの『鳥獣花木図屛風』に魅せられた。日本橋の百貨店で開催された巡回展では、水墨画の見事さにも心惹かれた。様々な展覧会で、若冲の絵は真っ先に目に入って、後々まで心に刻み込まれる存在となった。数万円もする重い画集を衝動買いし、苦労して持ち帰ったこともある。私だけに限ったことではなく、世間の若冲再評価の気運はいや増しているようであるが、京都の青物問屋の主人としてほとんど独学で到達したその画境には、どこか現代人の共感を呼ぶ要素があるのであろう。

その絵の中から溢れ出てくるような生きるもの全てに対する慈愛、そして深い祈りがこの江戸時代の絵師の作品を特別なものにしている。フェルメールのそれに通じる静謐《せいひつ》な美しさがあるのである。

代表作『動植綵絵《さいえ》』は、鶏、雀、カエルや昆虫といった生き物の形態とその表情を精細に描き、見る者に忘れ難い印象を残す。写実として見事なのはもちろんのことである。それに加えて、もともと中央に「釈迦三尊像」が置かれる設いになっていたことでもわかるように、『動植綵絵』には若冲の生きとし生けるものに対する慈しみの視線が表れている。在家ながら深く帰依した若冲の慈愛の精神に、仏教思想のそれが影響を与えたことは言うまでもない。加えて、敢えて言えば現代的とも言える透徹した視線がそこには根付いている。

とりわけて私が好きなのは、『秋塘群雀図《しゅうとうぐんじゃくず》』である。秋の野を飛ぶ沢山の雀の中に、何故かは知らないが一羽だけ白い雀がいる。いわゆる「アルビノ」、あるいは突然変異であろう。群れの中にいて、一羽だけ抜きん出ている。選ばれし者であると同時に、差別される側でもある。白い雀が生きる上でやっかいなことは様々あろうに、そんなことを露も感じさせないで無心のままに一緒に群れ飛んでいる。その姿に、私は深く感動するのである。

全ての雀を同じ姿形で描くこともできたのに、敢えて一羽を白い雀にした。その趣向の中に、私は若冲の何とも言えない温かくそして厳しい現実の認識を感じる。そもそも、意識を持ってしまった以上、私たちは群雀の中の一羽の白い雀であるしかない。誰にとっても、自分とは世界の中で特別な存在である。たとえ、群衆の中に紛れ込んでしまえば一つの粒に過ぎないということはわかっていても、あたかも自分を中心に世界があるように思い込んでしまうことを避けられない。

欲望を持った存在として、自らの幸福を何よりも強く思わざるを得ない。『秋塘群雀図』は私たちの煩悩の有り様を描き、そして恐らくはゆるやかな形で肯定してくれてもいる。

若冲作品を数多く収蔵している京都、岡崎最勝寺町の細見美術館を訪れて代表作の一つ『糸瓜《へちま》群虫図』を見た時、館長の細見良行さんの言われたことが印象深かった。若冲は恐らくは京都の最後の町衆の一人ではないかと言うのである。錦小路の青物問屋の主人として、お金には苦労せず、純粋な道楽として、時間も顔料の代金も気にせずに絵を描くことができた。若冲は、一生結婚せずに独身で通した変わり者との世評が定着しているが、そこに見え隠れするのは、自らが観察するものを信じ、内なる欲望に寄り添い、とりあえずは他者との折衝を絶って小さな世界に立て籠る、自己没入者としての素顔ではなかったか。

誰かに依頼されて描くのではなく、自らの楽しみのために筆を執る。他人の目など気にせずに、じっと庭の鶏を見つめる。そのような自己の内面世界への耽溺《たんでき》の先に、『動植綵絵』のような全ての生命を肯定する宗教的啓示が待っていたとするならば、そこには人間精神に関する味わい深い秘儀が提示されているのではないか。

そもそも、全ての宗教改革者に必要な能力は、他人のことを自らのことのように思いやる共感の力と同時に、ぎりぎりと自分の内面を追い詰めていく、強烈な自己没入への志向性である。イエス・キリストは実は結婚して子供を作っていた。そのような説を唱える小説と映画

（『ダ・ヴィンチ・コード』）が話題を呼んだ。自然人である以上、イエスが家庭を持っていたとしても取り立てて驚くべきことだとは思えない。イエスが一人の女を愛したとしても、その事実自体が「愛」に基づく革命的世界認識を説いたその宗教哲学の非凡性を無効化してしまうわけではない。自然人でもあったかもしれないイエスの宗教的天才を特徴付けるのは、何と言ってもその自己反省能力であり、「私」の中に没入し、その精神の陰影を見つめる能力ではなかったか。

世界宗教の祖に自分たちと同じ普通の人の側面もあったと知って安心するのはいかにも現代人の陥りやすそうな油断である。若冲が青物問屋の主人だと知り、その絵を「金持ちの道楽」と片付けてしまっては偉大な画業の本質には迫れないのと同じことである。

世界の秘密を解き明かすためには、何故、他者に心を開くのみではいけないのか？　何故、自分の内面に沈潜していく、時には苦しい作業が必要なのか？「四門出遊」で人生の苦しみを知った釈迦の悟りへの道筋の中で、最後まで邪魔になったのが家族への執着だったのは何故か？　出家が、世俗の社会における人間関係を絶つことであるとするならば、他者との通常のコミュニケーション回路をいったんは絶たなければ衆生を救う真理に到達できない理由は何か？

今日でも、宗教的実践の現場、例えば禅宗の永平寺などでは、重要な宗教的体験の折節には「無言」を貫くことこそが肝要であるとされている。自らを容易に開くことなく、自我の中に立て籠ることで、かえって広大な世界への道が通じるのは何故か？　そこには、そもそも世界の中の小さな部分集合たる「脳」に宿りしものとしての「意識」が生み出された第一原理とも関わる、味わい深いパラドックスがある。

意識の中で志向されるものは、それが一リットルの脳髄内の活動によって生み出されているにもかかわらず、無限定な世界へと向かい得る。資本主義社会における欲望は可能無限を志向し、人は世界中を飛び回っていると錯覚しつつも実は狭い脳髄を一瞬たりとも離れない脳内現象としてこの世界の中にある。他人に心を開くということは、すなわち脳の中にある自他をつなぐ「鏡のシステム」(ミラーシステム)を通して脳内現象としての他者をかろうじてシミュレーションすることに他ならない。

志向性という意識の不思議な性質に着目すれば、自己に立て籠っても宇宙に通じることができるのは当然のことだ。十字架の上で神とのつながりを直覚することもできるし、菩提樹の下で宇宙の神秘を悟ることもできる。禅僧の座禅の姿は、世界に対するコミュニケーションの拒絶ではなく、内なる宇宙に全開されたチャンネルを示す。世知に長けているらしい大人たちからニートだフリーターだと片付けられる若者たちの中にも、自らの内面を見つめることで広い世界に到達するたくましい輩がいる。

単なる偏屈と、世界に開かれた慈愛精神の分かれ目はどこにあるのか？　魂の姿勢におけるほんの小さな差異が大きな違いにつながるのではないか？　そういえば、『糸瓜群虫図』の中の若冲が描く虫たちは、小さな存在の内側にぎゅっと縮んだバネを秘めたような忘れ難い姿をしている。狭いはずの「自分」という宇宙に立て籠ることで、多くの賢者たちがかえって他者に開かれた地を獲得してきたのだ。

16　近代からこぼれ落ちた感情

現代の脳科学においては、感情は生きる上で避けられない「不確実性」に対する適応戦略として進化してきたと考えられている。

水辺に立つペンギンたちは、いつ海の中に飛び込むべきか、その最適解がわからないまま、決断しなければならない。水の中には生きる上で欠かすことのできない餌となる魚たちも泳いでいるが、同時にペンギンたちを捕らえて食べてしまうオットセイやシャチもいる。そんな中で、「エイヤッ」と飛び込む「最初のペンギン」となる決断は、ペンギンたちの脳の感情のシステムによって支えられている。

人間を他の動物と比較した時、ついついその高度に発達した知性だけが目立ちがちだが、不確実性への適応戦略としての感情もまた、高度に発達している。その意味で、人間ほど、不確実性への適応のメカニズムを進化させた動物は存在しないのである。

現代社会において人間が直面する不確実性は、かつて自然界の中で向かい合ってきたそれに比して格段に複雑となり多様化している。不確実性こそが、現代社会を特徴付けるメルクマールであると言っても良い。

良い大学を出れば一生安泰だった時代はとっくに終わった。今や、どんな人も生きる上である程度の不確実性は避けられず、また避けていてはだんだん人生が苦しくなる。人間は脳の感情のシステムをフル回転させて、時代の不確実性に向き合わなければ、ニッチもサッチもいかない時代になったのである。

ドーパミンをはじめとする脳内の報酬系の活動に着目して、不確実性の存在下で人間がどのように判断し、行動するかを究明する「神経経済学」は、まさに同時代的な要請の下に誕生したと言える。インターネット上のトラフィックのダイナミクスから、株式や外国為替市場の投資戦略、その一方での消費者の購買行動まで、実際的な経済的意義を持つ膨大な領域が、「神経経済学」の研究対象となっている。多くの人の関心を呼ぶのも当然のなりゆき。「ハーバード・ビジネス・レビュー」が、意思決定の脳科学の特集を組むほどである。

脳科学の時代と言われて久しい。脳のはたらきを解明することが、長い目で見て科学の最大のテーマであることは論を俟《ま》たないが、医療などの一部の分野をのぞいて、これまでの脳科学が実際に役に立ち、「お金になる」ような応用を持たなかったことも事実である。神経経済学は、脳科学から初めて生まれた「実際的な応用可能性を持ち、お金にもなる」分野になるかもしれないと期待されているのである。

インターネット上のトラフィックがどのように変化するかは、現在ではワンクリックが何円という具体的な経済的効果につながる関心事である。人々がサイトからサイトへと移っていく際の選択のメカニズムには、必然的に不確実性が伴う。あるサイトの内容が興味深いものかどうか、クリックしてみるまではわからない。もし、神経経済学的手法によって、人々のクリックの傾向がどのような要素に影響を受けて決まるのか予想できれば、直ちにそれはお金へと換算されることになる。

インターネットなどの情報ネットワークを通して莫大な取引がなされる現代は、不確実性を前に人々がどのような判断をし、行動するかが具体的な経済的効果へと変換される「デジタル資本主義」の時代である。力のある投資家の脳の中で生み出された判断が、デジタル資本市場を通して何百億、何千億というお金の動きに結び付く。現代というお金のジャングルの中で泳ぐ個々の人間の振る舞いは、神経経済学が対象とする不確実性のロバスト（頑健）な処理機構の問題として、定式化され得る。そこに現代の脳科学の焦点の一つがあることは、疑いようのない事実である。

神経経済学に代表される現代の脳科学の感情研究は、潜在的に現代の資本主義と適合的に結び付く可能性を持っている。だからこそ、神経経済学は期待を集めている。もっとも、今のところ期待が先行しており、本当に役に立つような成果が生まれるのかどうかは未知数である。

感情の研究が、「不確実性への適応」という概念装置を通して経済学のような社会の中の実際的学問との結び付きを持ち始めたのは、現代の脳科学の最大の成果の一つと言って良いだろう。その一方で、感情にはそう簡単に実際的な領域へと着地することを許さない側面があることも、私たちは知っている。

例えば、最愛の人を亡くした時の、悲しみの感情がそうである。いくら嘆いても、悼み、懐かしみ、一目だけでも会いたいと願っても、時は決して戻ることはなく、愛する人も帰ってこない。そのような事態を前に私たちが抱く感情は、どのような場所にも帰着させることができないような、深さと爆発力を持っている。

嫉妬の感情もそうである。どうあがいても自分の方を振り向いてはくれそうもない人に対して、魂が焼き尽くされるような思いを抱く。どんなに気持ちを寄せても無駄だとわかっていても、やめられない。そのために、生きることに適応するどころか、かえって不適応を起こすケースが少なくないことは、私たちが人生の中で経験し、見聞するところである。

脳科学も、見方によっては生物学の一部分である。全ての生物学的知見は、進化論的な枠組みの中に置いた時に初めてその真価が明らかになる。生きる上で避けることのできない不確実性を前に、どのように判断し、行動するかということは、まさに進化論における「適応」の問題である。

神経経済学が扱うような不確実性を前にした判断、行動のメカニズムは、進化論の考え方に自然に接続される。貨幣は人為的な価値に過ぎないが、それが生きる上での適応度に影響を与える以上、進化論の枠組みで論じることができる。不確実性を前にして、ある判断や行動様式をとる人がその結果多くの利益を得て、子孫を残し、遺伝子を伝えることに資するならば、それは進化論的に見て意味のある適応的な表現型ということになるのである。

その一方で、嫉妬や悲しみのような感情は、進化の上でどのような意味があるのか、直ちには明らかではない。むしろ、これらの感情は、進化論的に見ればどちらかと言えば適応的ではないのに、そう思い、感じざるを得ないという必然性があるという点に特徴がある。死者を悼むあまり、いつまでも悲しみに浸っていることが適応的でないことは、悲しみのあまり体調を崩して死んでしまう人もいることからわかる。嫉妬の感情で相手が振り向くことは、まずない。生きる上で資することが少ないのに、ある感情を持たざるを得ない。感情には、そんな「暴れ馬」のような性格があるのである。

進化論的に見た適応性が直ちに明らかではない感情は、近代から現代にかけての人間社会の発展の中でどちらかと言えば疎外され、時に迫害されてきた存在でもある。私たちの住む宇宙は、百三十七億光年の大きさを持つことがわかっている。ニューヨーク株式市場について考えることは現代生活を営む上で適応的かもしれないが、宇宙の果てしなさを前に畏敬《いけい》の念に打ち震えることが適応的であるとは限らない。むしろ、役立たずの夢想家として、軽んじられるか、もっと現実的になれよと肩を叩かれるのが関の山かもしれない。

先祖を敬う気持ち、神を畏《おそ》れる感情、果てしない過去や、決して到達することができない遥か彼方を思う心のはたらき。このような感情のはたらきは、何事も実際的であることを尊び、具体的な選択に落とすことを旨とする現代社会の中では、軽んじられてきた。しかし、脳のはたらきの「自然史」の中で、これらの感情が無視できない地位を占めることは、私たちの経験上疑いようのない事実である。

死に対する恐怖も、また、あまり現代的とは言えない感情である。いくら恐怖しても、何時かは必ず死ぬ。だから、そんな感情を持っても実際的な意味はない。最も適応的な現代人とは、生きる上で避けられない不確実性に対して、実際的で適切な判断を積み重ね続け、もし余裕があればデジタル資本市場にでも投資して利潤を上げる人のことだろう。そして、感じても仕方がないことは気付かないふりをして通り過ぎ、やがて寿命が尽きたら静かに死んでいく――もちろん、遺産処分に関する適切な指示を忘れることなしに――のが、標準的な現代人のモデルなのかもしれない。

実際、神経経済学が思い描く人間のステレオタイプとは、そのようなものであろう。

全てが実際的な近代からこぼれ落ちてしまった感情とは、すなわち、無限や不可能を前にした時に人間の心の中からわき上がってくる反応のことである。死んでしまった人をいくら悼んでみても、仕方がない。もはやその人に会うことは「不可能」だからである。こちらに振り向かせることが「不可能」な人を巡って、何時までも嫉妬の炎を燃え上がらせても仕方がない。宇宙の無限を前に、人間など芥子粒《けしつぶ》のような存在であり、ニューヨーク株式市場の指標に一喜一憂するなど滑稽極まる仕業だとわかっていても、どうすることもできない無限を前にして、畏怖したり、溜息《ためいき》をついたり、思索を巡らせたりしても無駄である。端的に言えばそのような徹頭徹尾実際的な哲学が、現代のメルクマールになっているのである。

無限や不可能を前にした時に燃え上がる感情は、経済学のような実際的な学問や、科学のように実証を重んずる知の体系の中ではなく、芸術の分野において扱われてきた。芸術の描く人間が、科学や経済学の相対する合理人に比べて精神の幅が広く、それゆえに理論的に扱いにくいものとして認識されてきた所以である。「無限や不可能に向き合う技術」としての感情は、従来の人間の文化的伝統の中では、芸術において取り上げられるしかなかったのである。

私の父は終戦時には十一歳で、実際に戦場に行った体験はない。それでも、戦争の悲惨さは身に染みているらしい。映画『ビルマの竪琴』に、水島上等兵が仲間たちの前に現れ、「あれは水島だ」と騒いでも何も言わず、ただだまって竪琴で「仰げば尊し」を弾いて去っていく場面がある。父は、私が子供の頃に映画でこの場面が来ると、必ず泣いた。テレビの映画劇場で『ビルマの竪琴』が放映されて、父と一緒に見ていると、「あっ、もうそろそろあの場面で、泣くな」とわかる。その予想の通り、父は泣いた。父に限らず、先の大戦について言うに言われぬ思いを抱いている人たちは、沢山いることだろう。

過ぎ去った過去についていくら泣いても、科学的にも経済学的にも、残念ながら何ら実際的な意味はない。泣き損というわけではないが、その人間の心を、神経経済学は引き受けることはできない。それでも、私たちは、どうすることもできないことや、遥かに隔たっていることを前にして、泣く。現時点における科学や経済学が、そのことについて何と言おうと泣く。

小津安次郎の『晩春』の中に、父（笠智衆）を慕って一緒に京都に旅行した娘（原節子）が、お父さんとお前の時間は過ぎ去ったんだ、これからは佐竹君（娘の婚約者）と一緒に幸せに暮らしなさいと諭されて、泣く場面がある。あの涙は、愛する父との生活がもうすぐ無限の彼方に行ってしまうということを悟ったゆえである。どうすることもできないから泣く。そこには、実際的な選択も、役に立つような判断もない。

私たちは、近代からこぼれ落ちてしまった感情を、一体どうすれば良いのだろう。熱心に投資戦略を練って悦に入っている人に、私たちは思わず「ヘン！」と肘鉄砲《ひじでっぽう》をお見舞いしたくなるが、それは、資本市場など感情のモノカルチャーでしかないと知っているからだろう。しかし、もともと現代社会の中で許容される人間の感情の幅は、どんどん狭くなっていっている。考えてみると恐ろしい。

その隘路《あいろ》からどうやって私たちの魂を救うかという課題は、一つには芸術の問題ではあるが、より根本的には、「不可能」や「無限」をも概念として扱える、真に偉大な科学理論の登場を期するしかないと私は考える。だからこそこうして模索している。

17　不可能を志向すること

原点に立ち戻ってみよう。

子曰、吾十有五而志于学。三十而立。四十而不惑。五十而知天命。六十而耳順。七十而従心所欲、不踰矩。

子曰く、吾れ十有五にして学に志す。三十にして立つ。四十にして惑わず。五十にして天命を知る。六十にして耳順う。七十にして心の欲する所に従って、矩を踰えず。

孔子が七十で到達したとする、「自分の心の欲する所に従っても、倫理的規範に抵触しない」という境地。欲望する脳の成り立ちを明らかにしつつある現代の脳科学の知見から考えると、孔子の言っていることはほとんど実現することが不可能のようにも思われる。

脳とは、結局は生物が生き延びるために進化させてきた臓器である。生存のための臓器としての脳は、徹頭徹尾利己的に作られている。ダーウィンの進化論のパラダイムは突然変異と生存競争を通しての自然淘汰であるが、生存競争において勝ち残るためには利己的であるしかない。自分以外の人間のことを思いやり、行動する「利他的行動」や、社会全体のことを考える公共的精神もまた、拡大し、変形した利己的な動機に基づくと説明される。

基本的には自分の利益を図る人間同士がぶつかるから、社会の中に様々な軋轢が生まれる。デジタル資本主義の下、貧富の差が拡大し、階層が固定化される傾向のある現代、社会というのは人間の欲望がぶつかり合う野蛮な場所であるという現実認識に肯《うなず》く人は一昔前より増えてきたのではないか。夏目漱石が晩年「則天去私」の境地に憧れたのも、友人を裏切って自殺に追い込んでしまったことに対する悔悟を抱えて生きる「先生」の葛藤《かっとう》を描いた『こころ』に表れているように、人間のエゴを正面から見つめるその心性ゆえであろう。

漱石の「則天去私」、あるいは、欲望こそが人間の苦悩の根本原因であるとして、煩悩から解脱することを目指す仏教哲学は、確かに私たちを惹き付ける魅力を持っている。これらの思索は、欲望する自分というものに対して消極的である点において、欲望の解放をこそ是とする現代社会に対するアンチテーゼと成り得る。その一方で、孔子の「七十而従心所欲、不踰矩」の境地は、欲望する存在としての自分を引き受け、いろいろとやっかいなことのある人間《じんかん》にとどまりつつ、しかもいかに生きるべきかという倫理の問題をクリアするという、積極的なものである。そのような欲望の錬金術が果たして可能なものなのかどうか、いろいろと難しいことのように思われるが、欲望という「毒」の暴走する現代における「解毒剤」として、欲望の周辺のことをもう少し考え続けよう。

聖人自身も、「自分の心の欲する所に従っても、倫理的規範には抵触しない」境地に本当に達していたのかどうかわからない。もっとも、そう簡単に実現することができてしまっては、人生いかに処するべきかという倫理の古典には成り得ない。容易には到達することができない境地を描いているからこそ、孔子の『論語』は永遠に魂の憧れの書と成り得るのではないか。

「七十而従心所欲、不踰矩」の境地は、孔子自身にとっても、そう簡単には到達することのできない「憧れ」だったとも考えられる。自然人イエスが、自分自身のことを「神の子」と言い切ってしまうような、自己認識に関わるあやうい跳躍が「吾十有五而志于学」で始まる「私」を主語にした文には含まれているのかもしれない。

前章で指摘したように、私たち人間の感情は、現実から隔たったもの、容易にはどうすることもできないことによってこそかき立てられる。死んでしまった愛しい人に対する追慕の念は、この現実の世界ではどこにも着地させることができないものであるが、しかしだからといってその切実さが失われてしまうということはない。取り返しのつかない過去の行為についてあれこれと思い煩ったとしても、過ぎ去った昔が変わるわけではないが、それでもいろいろと考えることによって、人間は少しずつ気持ちを整理し、自分を変えていくことができるものである。

嫉妬、憧れ、後悔、不安、希望。これらの感情の全てに、現実そのものとは異なる世界の様々な消息が込められているからこそ、私たちにとって感情は大切な役割を担っている。『論語』に記録された孔子の言行も、「今、ここ」の現実に必ずしも縛られない感情のはたらきにおいてこそ理解されるべきだろう。

現代の脳科学において、感情は生きる上で避けることのできない不確実性への適応戦略であると位置付けられる。不確実性とは、すなわち、現実に起こることと、起こったかもしれないことが交錯する現場である。現実に起こったことと、起こったかもしれないことを比較することで生まれる「後悔」に典型的に現れているように、「今、ここ」の現実と、それには縛られない非現実や仮想の対象を同時に引き受けることで、私たちの感情は生み出されているのである。「今、ここ」の現実にとどまらない人間の感情は、意識のもう一つの大切なはたらきと密接な結びつきを持っている。それは、「志向性」と呼ばれる心のはたらきである。「志向性」は、脳のメカニズムに即して言えば、「感情」と同様に大脳辺縁系から前頭前野にかけての「自我」を創り出す脳の回路によって生み出されている。

改めて「志向性」とは何か、その基礎的な性質を振り返ってみよう。「志向性」は、「何ものかに向けられている」という心の属性を指す。例えば、一メートル先に置かれたコップを見ている時、そのコップに「私」の注意が向かっているという心の状態が、「志向性」である。あるいは、「十年前の私はこんな感じだった」と振り返っている時、「理想の人間のあり方」を思い描いている時、未だ見ぬ遠い異国のことを考えている時にそれぞれ立ち現れる精神のはたらきが、「志向性」である。

人間の思考の本質を考える上でも、「志向性」は重大な意味を持っている。人間の思考には必ずしも言語を伴って行われるわけではないが、言語が考えるための重要なインフラであることは確かである。言葉の意味は、典型的な「志向性」の機能である。例えば「蛍」という言葉に日本人が託す様々なニュアンスは、どれも「蛍」という文字面や、「ほ・た・る」という音といった「今、ここ」で感受される属性の認知に随伴する「今、ここ」にはとどまらない「何ものか」への志向性によって担われている。ソシュールの言語哲学で言う「シニフィエ」（記号内容）は、ほぼここで言う「志向性」と等価であり、人間の心の中に立ち現れる様々な志向性の部分集合が言語的志向性であると考えることができるのである。

「無限」や「理想」といった概念が、「今、ここ」のどのような現実にも完全には対応しないままに私たちの精神の中で自由なダイナミクスを切り結べるのも、「志向性」という属性の持つ闊達《かったつ》な性質である。

アインシュタインは、かつて、「私のような人間にとっては、人生で実際に何が起きたかということよりも、何を考えてきたかということの方が重要なのです」と述べたが、私たちがそのような言説にしみじみとした真実性を感じるのも、人間の精神中の志向性のダイナミクスに内在する可能性ゆえである。

漱石の『三四郎』の広田先生が言うように、東京よりも日本の方が広く、日本よりも頭の中の方が広い。「今、ここ」ばかりに囚われては駄目である。一リットルの脳の中の神経細胞の活動に永遠に閉じ込められている私たちが、広大な世界と渡り合うために生み出された不思議な意識のはたらきとしての「志向性」に思い切り寄り添ってみたい。

「志向性」は、もともとは十九世紀から二十世紀初頭にかけて活躍したドイツ生まれの哲学者・心理学者であるフランツ・ブレンターノが物質と比較した場合の人間の心のユニークな属性として議論した概念である。そもそも、「私」がどのようにして生み出されるのか、その「私」の心の中に、「志向性」がどのように生じるのかを明らかにすることは、脳科学の究極のテーマの一つであるが、その解明はまさに人類の知の総力戦のフロンティアに属している。その解決は困難であり、イギリスの哲学者、コリン・マッギンのように、脳によって思考する人間にとって、「志向性」をはじめとする意識の謎は解き明かすことはそもそも原理的にできないのだと考える論者もいる。

孔子の言う「自分の心の欲する所に従っても、倫理的規範に抵触しない」という境地は、凡夫にとっては現実には満たすことのできない憧れの対象であるに過ぎない。遥かなものに対する憧れも、充足することのできない欲望も、あるいは未だ見ぬ真理に対する渇望も、全ては志向性によって担われている。

『論語』に記録された孔子の言行に現れるような人間の欲望の本質論を突き詰めていくと、結局は人間の意識の本性の問題へと導かれていく。人間は、意識を持ち、単に生きるだけの存在だけではなくなったからこそ、自らを省察し、いかに身を処すべきかという倫理問題をあれこれと思い煩う定めとなったのである。

ところで、志向性が身近なもの、近い将来に実現が可能なものに向けられている時には、それほど困難な倫理問題は生じない。例えば、コップの中の水を飲み干そうということを志向し、実際に何秒後かに喉を潤すという場合には、志向性とその「今、ここ」における充足との間には深刻なギャップがない。

ある程度遠い未来に実現される人生の目標という志向性も、原理的にはこの世界に着地させることが可能である。オリンピックの金メダルを目指してトレーニングを続けているアスリートの志向性は、そう簡単に実現できないとしても、原理的に不可能だというわけではない。

芥川賞を目指す作家の卵、総理大臣を目指す政治家の志向性も、現実化が可能だという意味においては、「今、ここ」の生活に近い。

問題は、この世界ではどうやら実現することが不可能であることがわかっていることに対する志向性である。死んでしまった愛しい人に会いたいとどんなに希《ねが》っても、この世界では実現できないことは、現代のコモン・センス（常識）である。一昔前の宗教においては、祈りを捧げれば死者もよみがえると信じることができたかもしれないが、近代合理主義が支配し、科学技術の結晶が日常に浸透し、何事においても実際的であることを旨とする現代において、実現できないことを志向するということに対する世間の目は冷たい。

欲望の対象として、原理的に手に入れられないものを志向するという「魂の我慢強さ」の傾向は、現代人には希薄である。市場を流通する商品やサービスならば、たとえそれがどんなに希少で高価なものであっても、原理的には手に入れることができる。「いつかはクラウン」「いつかはエルメス」というように、努力によって憧れのブランドを手に入れている自分を思い描くことは、資本主義の世の中では経済に資することとして歓迎される。一方、死んでしまった人をよみがえらせたいといかに強く願ったとしても、そのような志向性は変わり者の妄想として、ちょっとエキセントリックな新興宗教に取り込まれてしまうくらいが関の山である。

そのような現代において、孔子の記した「自分の心の欲する所に従っても、倫理的規範に抵触しない」という命題について真剣に考えることは、結局、実現できないことを志向することの意味について考察することにつながる。そしてそのような倫理上の思索は、たとえ、コリン・マッギンが主張するように人間にはその解明が原理的に不可能だったとしても、あくまでも意識の起源を追求する知的探求と同型の精神的態度へと合流していく。

容易には実現できないことをいかに志向するか？　そのこと自体が、現代における一つの倫理命題である。人は、不可能なことに真摯に向き合った分、大きくなれる。

18　アクション映画とサンゴの卵

アメリカのアクション映画はそれなりに楽しめるものだが、ヒーローの扱いについて、不思議な思いに囚われることがある。それは、私が物心ついた時から抱いていた違和感のようなもので、昨今のアメリカ政府の政策に対する私の中の距離感にも似ている。

この違和感を持っている人は、何となく嗅《か》ぎ分けることができる。そのような感覚を持たずに人生を過ごしている人は、随分もったいないし、またある意味では危険な橋を渡っていると思う。

私が抱く違和感。それは、ハリウッド映画では、何故、主人公は死なずに、必ず勝つことになっているのか、ということに対する根本的な疑問に発している。戦闘シーンなどで、敵が次々と撃たれ、倒れるのに、主人公は危ない目には遭うけれども、結局切り抜けてしまう。現実がそう都合良くいくはずもない。

もちろん、映画はフィクションだし、ヒーローが死んでしまってはそこでお話が終わりになってしまうので、便宜上の問題として理解できるし、それほど目くじらを立てることでもないとは思う。子供向けのおとぎ話の定型は、主人公が危機に瀕しながらも、最後は見事ハッピーエンドになるというものだ。アメリカン・ヒーローの物語も、そのような類型を踏襲しているだけとも言える。

それにしても、ハリウッド映画のあまりにもご都合主義の台本には、倫理的な抵抗感を抱く。尊い人の命を、ストーリーの都合上とはいえ消耗品のごとく奪っていいのかと思う。そんなことを言うのは野暮だとはわかっているが、命に関わることなら少々野暮も許されるのではないか。

ちなみに、アクション・シーンで「悪者」が撃ち倒される度に、「殺さないで！　それは私の息子よ！」と叫び声をかぶせてみれば、娯楽映画の味わいも随分変わるだろうと思う。悪者でも何でも、生物である以上必ず産み、育んだ親がいるはずだ。そのことに対する想像力の欠けた作品が時に一つの国家の政策を支える精神的インフラに成り得ると考えると恐ろしい。

ヨーロッパのある程度知的な人たちと話していると、主人公がバンバン敵を倒していくアメリカ映画は、最初から「この世に存在しない」（論評に値しない）ことになっている。私はそういう「インテリの矜持」とともに、戦後の日本に（そして多かれ少なかれヨーロッパにも）植え付けられた全てのアメリカ的なものに憧れるナイーヴな心性も持っている。だから、懲りずに、こみ上げてくる倫理的抵抗感には目を瞑《つむ》って、時々アクション映画を見る。それでも、ヒーローの度が過ぎた特別扱いに馬鹿らしくなって、途中で席を立ったことが二度程ある。

やはり、映画といえどもこの世界のリアリティに対する最低限の接続をしていなければ、上滑りすると思う。そして、この世の真実とは

「誰も本当は特別扱いなど受けない」ということではないか。自分が特別な存在である、というのは全ての新生児の純朴な直感であるが、世界がそうあって欲しいという欲望は、現実の前に必ず敗れ去る運命にある。そのことを学んでいくことを、人は、「大人になる」と言うのである。

まっとうな生活者としての私たちは、世界が自分を中心に回っているわけではないことなど知っている。浮世離れした志向を持った者たちでさえそうだ。東京藝術大学で授業をしているが、学生たちを見る度に胸がキュンと痛む。最難関と言われる入試を突破し、夢と希望を持って入学してきたのに、卒業を前にして途方に暮れている。名のあるアーティストとして作家活動をしていけるのは、十年に一人出ればいいのではないか、などと言われる。それだけの厳しい淘汰の中で、かつて芸術に関する大いなる希望を抱いていた若者たちは「人生」へと着地していく。

満月の晩にサンゴが一斉に卵を放出し、ふわふわと海中を漂う。何億という卵のうち、無事着生してサンゴに育つものがどれほどあるか。アーティストになりたいという夢を抱く学生たちは、まるでサンゴの卵のようだと常々思う。

この世は、ヒーローが必ず勝つアクション映画と、サンゴの卵が海に放出されて、淘汰されていくプロセスと、一体どちらに似ているか？　アクション映画の文法を心置きなく楽しめるかどうかの分水嶺は、このあたりの世界認識に依存しているのではないか。アクション映画の主人公は実はサンゴの卵だ、と思った瞬間に、様々なことが揺らいでいく。戦場に身をさらす一兵卒と、安全な場所から指揮をとる将軍の見る世界は違うのである。

バブルの崩壊の後遺症も消え始めると、株式投資で儲ける、年収何億を目指せ、などといった本を見かけるようになる。一攫《いっかく》千金を目指す。そのような世界観はアクション映画のそれに似ている。自分だけは特別で、うまく行く方法があるはずだ、という思い込みがあるのだ。

もちろん、より良い生活を目指す努力そのものは尊い。アダム・スミスの言う「神の見えざる手」に導かれて、この経済社会を形作るのは、そのような個々人の欲望であるのかもしれない。

それにしても、「億万長者を目指せ」という本の世界観が、「持続可能」なものであるとは思えない。もし皆が年収何億という生活になったら、国内総生産が何百倍になるといった驚異的な経済成長を遂げなければならないはずだ。社会全体としての経済成長がそこそこなのに、ある人の年収が何百万から何億に変わったとしたら、それは単に周囲の人からの「所得移転」に過ぎないはずだ。

経済成長率を超えた個人の所得の伸びには、必ず利益を得る人と損失を被る人が対になる「ゼロ・サム・ゲーム」の様相がある。そのような脈絡を読み取れるかどうかも、アクション映画の文法につくか、サンゴの卵を見つめるかという世界観の選択に関わってくる。人間の欲望を巡る思索の深みは、畢竟《ひっきょう》、自分が一個のサンゴの卵に過ぎないという自覚を持つかどうかに関わっている。

優れた芸術家の感性は、ある人の利益が別の人の損失になるという この世の真実をきちんと捉える。夏目漱石の『こころ』で、先生がKを裏切るのは特別な出来事のようで、だからこそ小説の主題になるのだと考えがちだが、本当は先生とお嬢さん、それにKの関係はこの世の至るところで起こっている。三角関係のかけらもなく、ただ純粋に相思相愛であるという結構なことだけに思われるような恋愛でも、そこには必ず「サンゴの卵」の世界の気配が忍び寄っているのである。

そもそも、この世界で一つの可能性が実現するということは、他の全ての可能性が死んでいくということを意味する。生きるとは、つまりは時々刻々と無数の可能性が死んでいく大量殺戮の場に身をさらすということである。目には見えなくとも、私たちの生は大量の「サンゴの卵」をまき散らし、その一部分だけを着生させることを繰り返している のだ。

「サンゴの卵」の大量殺戮は、一人の人生においても起こるが、利害が必ずしも一致しない他人同士の間において甚だしい。

人生において、自分の欲望が実現するということは、多くの場合他人の欲望の実現の可能性が消滅することを意味する。

孔子の言う「七十にして心の欲する所に従って、矩を踰えず」という（現実的には恐らくは実現できない）境地が切実な意味を持つのは、生きる上で自分の欲望を実現したいというごく自然な思いが、私たち人間存在の原罪でもあるからである。

欲望というものは、突き詰めると不思議な性質を持っている。「自分の利益を図る」ことが、すなわち欲望の本性であると思いがちだが、この「自分の利益」とは一体何なのか、究極のところまで追い詰めて考えていくと、判然としなくなってくる。

アクション映画で、ヒーローが敵役と撃ち合うシーンでは、自他の区別ははっきりとしている。死ぬのは自分か、相手であり、そこには曖昧模糊《あいまいもこ》とした中間領域は存在しない。

より広い人生の文脈に立脚すると、自己と他者の欲望が対立するという図式は相対的なものになってくる。そもそも、私たちの生は有限である。たとえ、私たちが徹頭徹尾利己的な存在であるとしても、その欲望の君臨すべき時間は限られている。

生物は、自分にふさわしいパートナーと出会い、子孫を残すことを望む。それは、漱石が『こころ』で描いたように典型的に利己的な欲望であるように見えて、実は自己というものの限界にこそ起源を持っているのである。

アメリカのアクション映画のヒーローだって、孤独を感じ、恋に落ちることもある。その時、利己的自己保存という欲望の相対化が始まる。誰でも、自分はかわいいし、恋敵に勝つことは生死を懸けた戦闘に勝利することと同じ満足感を与えてくれるのかもしれないが、恋愛が成就した瞬間に、自己の終わりは始まっている。

ワーグナーはナチスのイメージ戦略に利用されたことで「政治的に正しくない」作曲家となったが、その楽劇に示される人間像は、欲望というものに内在する限界について、驚くほど洗練された認識を示している。

決して負けることのない英雄ジークフリートが、生まれて初めて恐れを感じるのは、炎を越えて美しい女（ブリュンヒルデ）を見出した時である。他者を切実に必要とする愛が、自己という存在の終わりの始まりを告げる。そのような透徹した現実認識を持っていたワーグナーは、ハリウッド的なヒーロー物語の文法からは遠い人だった。

恋愛が小さなスケールにおける欲望の対立、そして融和の物語であるとすると、欲望の相互作用のダイナミクスを社会レベルで扱うのが経済学である。

経済学では、行動主体がどのような選択をするかということを説明する上で、「効用」という概念を用いる。効用は、ある財なりサービスなりが消費者にどの程度の幸せをもたらすかを記述する指標であり、複数の財やサービスがあった時に、どちらが選択されるかということを「効用」の概念で説明しようとする。

元来、「効用」概念には、トートロジー（循環論法）が含まれている。AよりもBが好まれる理由は、AよりもBの方が効用が高いからであると説明したとしても、それだけで果たして何か本質的な進歩があったのかどうかは怪しい。

進化論における「適応度が高い生物の方が生存競争に勝つ」という論理が、しばしばトートロジーを含むものとして批判される。経済学における効用関数には、類似の脆弱性がある。しかし、だからこそ、進化論の議論が強力であるのと同じ理由で、経済学における効用関数の議論はそこから逃れるのが難しいくらいに強力なのである。

他者への愛が自己を相対化するように、経済学における効用概念もまた、他者との関係において相対化されなければならない。アクション映画や行き過ぎた拝金主義の世界観に対する異議申し立ては、人間行動の説明原理としての効用概念の再構築を通して理論的基盤を与えられる。そして、そのような問題意識は脳内報酬系の動作メカニズムへと真っ直ぐにつながっていく。脳の中の報酬系の活動において、自己と他者との関わりがどのように効用へと結び付けられていくか、その点に人間存在の本質があるのである。人間の欲望を精査しなければならない所以である。

19　欲望と社会

脳の進化を考えると、生物として「生きなければならない」という事情がやはり大きな意味を持っている。

欲望のあり方を最終的に規定するのも、やはり生物としての個体保存本能、種保存本能である。どんなに優れた能力でも、個としての生存、種の継続に資しないようなかたちの欲望は、やがて消えていってしまう運命にある。

聖人君子がいかに立派な人の道を説いても、それが生物としての

「生きる本能」に反している場合には、結局は定着しない。イエスが「愛」を説いたのは人類の歴史上画期的な思想的発明であったかもしれないが、それが種としての人類全体の安定や繁栄に資するものであったからこそ、キリスト教は世界宗教になることができた。

その意味で、思想信条において本当に必要なのは、オリジナリティ（独創性）などではない。ごく当たり前の、誰にでも当てはまる、一般的な諸条件を発見する「無私の心」こそが求められているのである。

道徳や倫理を説く者は、社会の中で人がどのように生きるものか、その人間性についての深い洞察を持っていなければならない。人間の心の機微を知らなければ優れた道徳家にはなれないのである。全ての行動様式と価値観は、結局は人として、より広く見れば生物として可能な限り良く生きたいという最終的な目的に沿って生まれてくるものであり、その自然な軌道からそれてしまった倫理規範は、長続きしないか、カルト的な隘路へと追い込まれていってしまう。

孔子が、廏が火事になって自分が大切にしていた馬が死んでしまった時に、馬のことは全く聞かずに、人が怪我をしなかったか、そのことだけを気にかけたと伝えられる故事は、人心の機微に通じた人としての孔子の姿を活き活きと伝えている。

時に、反社会的であったり、反生命的であったりする価値観や世界観を「かっこいい」と思う人は出てくるけれども、そのようなものは生命の本質から言って、辺境的な立場に置かれざるを得ない。もちろん、辺境的な価値にもそれなりの存在意義があるし、人間のあり方の多様性の一部ではあるが、それが決して人間の精神の制度の中核を占めることにはならないということも、生命のバランス原理という視点から見て当然のことである。

生きているということは、それだけで凄《すご》いことで、どんなに立派な価値観、倫理体系をもってしても、生きるということの現場に立ち現れていることに比べればやはり部分問題に過ぎない。倫理を考えるということは、実に生きるということ自体を理解することであって、杓《しゃく》子《し》定規に理想を当てはめることは、結局は、ギリシャ神話の中で、旅人の身体を自分の宿屋のベッドに合わせて切り落としたり、引き伸ばしたと言われる「プロクルステスのベッド」の故事と同じような不自然さを強制することにつながる。

生きることの本質が「偶有性」であり、社会のネットワークの中で出会う様々な「セレンディピティ」（偶然の幸運）である以上、どんな理想であっても、それが偶有性によって担保されていない限り、倫理規範として定着することはできない。人間性の本質は、危機においてこそ表れると言われる。孔子の故事が孔子の人間性の深み、その倫理観の大きさを伝えるのは、それが、思いも掛けない人生の偶有性に際してのかの人の行動を伝えるからである。

一昔前、共産主義的、ないしは社会主義的なイデオロギーが青年のかかるはしかのようなものであった時期があった。確かに、人々が私利私欲だけに走るのではなく、全体のことを考えて行動することができたら、と願うことは人間の内なる自然な「良心」の発露と言っても良いだろう。

悲劇的なことに（考え方によっては、喜劇的なことだったかもしれないが）、個人の私利私欲や「搾取」を排除して、全体の調和や人々の間の平等を考えることを標榜する社会主義は、すぐに「プロクルステスのベッド」状態に陥っていった。本来、偶有性こそが本質であるはずの経済の営みをあらかじめ計画しようとし、異質な考え方が最初から排除され、思想の生態系がやせ細っていってしまう社会が行き詰まるのは当然のことだったと言える。

民主的に選挙された政体の下で営まれる資本主義が、様々な欠点があっても「よりましな制度」として選ばれ、「勝ち組」となった。

一九九二年に原論文が出版されたフランシス・フクヤマの『歴史の終

わり』は、マルクス的な意味での階級闘争はもはや終わった、と宣言した。体制間の闘争としての歴史は終わり、永遠の日常が続くかに見える現代は、つまりは人々が自らの欲望を追求することが、思想的な意味でも後ろめたさなしに肯定される時代になったとも言える。「資本主義社会の腐敗」が社会主義国において喧伝された昔日は遥か彼方の記憶となった。

デジタル資本主義の下、キャピタル・ゲインを目指す企業家が時代のヒーローとなる。ブランドもののバッグを買いあさり、整形手術やホスト遊びにはまっていく作家の中村うさぎは、いわば資本主義の象徴である。消費者も生産者も、自らの欲望を限りなく追求することによって、社会全体としてはいつの間にかアダム・スミスの言う「神の見えざる手」によって調和が保たれる。そのような信条を、私たちは意識的にせよ、無意識的にせよ、受け入れるようになった。

アダム・スミスは十八世紀の人であるが、その言葉は、デジタル資本主義の嵐の吹き荒れる現代においても、私たちの間に様々な連想や思索を喚起する。

〈彼は、一般的に言って、公共の利益を推進しようと意図しているのではないし、また、実際にどれくらい公共の利益に資しているのかを知り得るわけでもない。（中略）彼は、自分自身の利益だけを図るのであり、そのことによって、他の多くの事例と同じように、（神の）見えざる手によって彼自身が意図しなかった目的を達するように導かれるのである〉（アダム・スミス『国富論』［筆者訳］）

自分の欲望をとりあえず肯定する、ということは、恐らくは人間性の本質に即したことであるし、また、社会全体にも資することである。消費者や企業家が自分の欲望を肯定し、徹底的に追求するということが、まわりまわって自分の欲望以外の公共的な役割をも担うことにつながる。アダム・スミスが『国富論』で記したような発想が、欲望を肯定する現代の哲学につながっている。

アダム・スミスの思想を今日の脳科学、認知科学の視点から評価すると、生きる上で避けられない「偶有性」を引き受ける形でその命題が立てられている点に真価があると言える。社会主義の理想が、ともすれば「こうすればこうなるはずだ」という偶有性を排した教条主義に走りがちだったのに対して、資本主義における主体は、経営者も、一介の被雇用者も、自由な立場で活動するクリエーターも、「人生も経営もどうなるかわからない」という偶有性を引き受ける形でその人生の哲学を立ち上げている。

資本主義と社会主義の体制間の比較優位の問題は、結局は決して避けることのできない生きる上での「偶有性」に対する適応へのロバストネス（強靭性《きょうじん》）によって決した。これが、脳科学、認知科学の立場から見た一つの評価である。だとすれば、冷戦の帰趨《きすう》を決したのは、実は人間の認知プロセスの本質であったはずだ！

アダム・スミス自身も問題にした「意図するもの」と「意図せざるもの」の間の関係は、実は案外やっかいである。欲望の肯定が、「神の見えざる手」によって公共の利益をもたらすというスキームは、そもそも、人間の脳において意図するものと意図せざるものの関係がどのようになっているかということを解明しなければ、実体のない曖昧な図式にとどまらざるを得ない。「意図」がどのように生み出されてくるかということは、脳科学において引き続き盛んに研究されている問題である。一九六五年に、ドイツのフライブルク大学に所属していたコルンフーバーとディーッケが報告した「準備電位」は、「指を曲げる」といった随意運動が意識的に開始される約一秒くらい前に、脳は既にその準備となる無意識の活動を始めていることを明らかにした。

既に、フロイト的な図式においては意識的に表明された意図と、無意識のうちに秘められていた意図の間にずれがあることは常識的なことであったかもしれない。例えば、第二次大戦中ヒトラーによって公式に表明されていた意図と、彼の脳の中で無意識にその活動を駆動していた衝動との間にはずれがあったはずだ。そのようなずれが、この史上希に見る独裁者の本質を理解する上で重要であることは言うまでもない。

中村うさぎの過剰な消費も、それを表層的に捉えてマーケティング的な視点から利用しようとすることは簡単なことである。フロイト的な精神からすれば、そのような行動に駆り立てられている深層の心理を明らかにしなければ、人間性の真実を明らかにしたことにはならない。

一方、コルンフーバーとディーッケが見出した「準備電位」は、政治的な野望のような文化的あるいは社会的に条件付けられた複雑な意図ではなく、指を動かすという単純な身体動作に関わるものである。それでも、意図するものと意図せざるものとの関係が、私たちが普段思っているような単純なものではないということを示す上で、この実験は重要なデータを与えてくれている。

意識的に何らかの決断をする前から、脳は既に無意識の活動を開始しているという事実は、古典的な意味での「自由意志」の観念と整合的ではない。現在の脳科学における標準モデルでは、「自由意志」は、無意識が用意した選択肢のどれを選ぶか、あるいは無意識のうちに開始された行動に対して「拒否権」を発動するといった限定的な役割を担っている。

ネットショッピングにおける「購入」のクリックが意識的に開始される一秒前からその準備活動が無意識のうちに始まっているという事実は、デジタル消費社会における人々の行動倫理を考える上で、大切な教訓を与えてくれるはずだ。

私たち人間は、自分の脳の「使用説明書」を知らずに日々生きている。だからこそ、時々私たちは間違える。思うに、マルクスは理性に基づく意図的なコントロールの可能性を信じ過ぎたのだろう。資本主義と社会主義といった地球規模における体制間の比較優位でさえ、最終的には人生で避けることのできない偶有性に対する認知的適応によって決した。人間の脳の中で欲望や意図がどのように生み出されているかを知らずに、まともな社会制度を設計することはできない。ここには脳科学の未開拓の関連分野がある。

アダム・スミスの「神の見えざる手」という概念には、当然のことながら批判がある。マーガレット・サッチャー、ロナルド・レーガン、小泉純一郎によって信奉されてきた、政府の介入を最小限に抑え、市場の自発的なプロセスに任せるという「新自由主義」の思想は、社会に対するあり得る様々なアプローチの一つに過ぎない。果たしてフクヤマが言うように歴史は終わってしまったのか、それともこれからも体制間の競争は続いていくのか？

表面的な社会的事象だけを見つめているのではなく、人間の脳の中をのぞき込む必要がある。望ましい人と人との関わり方を求めての精神運動は、未だ終わりそうにない。

20　一回性を巡る倫理問題

人間の脳をどのようなものとして考えるかということについては、その論者の人間観、人生観が反映されるものなのだろうと思う。生きる上で、何が一番大切と考えるか。何を、自らの欲望の駆動原理として認めるか。その世界観によって、脳の機能の中で重要なものの、考え方が変わってくる。

私の場合、どうやら、自分の脳が次々と「気付き」を重ねて学習を続けていくということが、一番大切なことと感じているらしい。別の言い方をすれば、「一回性」の問題である。

ある時、琵琶湖の近くのお寺に行って、秘仏を拝観した。住職一代に一度しか公開が許されていないのだという。普段は閉ざされている仏壇の扉が開かれ、その向こうに据えられているご本尊を拝することができる。由来や名前も聞いたが、既に定かではない。釈迦の「無記」などの仏教思想には心を惹かれるが、固有名詞のようなものはいつも私の記憶からこぼれ落ちてしまうのだ。

以前から、秘仏とは一体何なのか、腑《ふ》に落ちないでいた。それほどありがたく、神々しい仏様ならば、何故頻繁に公開しないのか。もったいぶっていないで、もっとオープンにすれば良いではないか。そんな不埒《ふらち》な考えが頭をよぎることもあった。

およそ秘仏というものを拝観するのは、実はその日が初めてだった。本堂の仏壇の前は、尊いお姿を一目拝せんとする人々でごったがえしていた。正座したまま、仏像が見える場所まで少しずつにじり寄っていく。正面からしかはっきりと仏様の姿を拝することができないのだ。何故、秘仏というものは、これほど人々を惹き付けるのだろう。静かで控えめだが明らかな熱狂を目の当たりにした私の中に興味が膨らむ。好奇心か、それとも、信心か。せっかく来たのに、一目見ないで帰るのはもったいない。私も正座して、人々の波が微動を重ねるのを待っていた。

やがて、お姿が見えた。左手に蓮の花を持ち、右手を下げている。お顔ははっきり見えないが、柔和に微笑んでいるようだ。

素朴だが、紛れもない精神性がある。そのお姿を拝しているうちに、はっと気付いた。「秘仏」というものの本質が腑に落ちたのである。

およそ、全ての宗教的原体験の本質とは、「一回性」にあるのではないか。とりわけ、「奇跡」はそうである。例えば、十字架での受難とその後の復活という、キリストに関わる聖書の記述。それが歴史的真実であるかどうかは、ここでは重要ではない。大事なのは、その奇跡を体験した人々、弟子たちが感銘を受け、一つの宗教運動を始めたという物語である。

カメラやビデオなどの記録装置があった時代ではもちろんない。出来事は、一度起こってしまえばあっという間に過ぎ去ってしまうものだった。「今ここでこんなことがあった」といくら主張したとしても、その出来事を目撃していない人に対してそれを証するのは容易ではない。奇跡の本質は、その一回性にある。科学の実験のように、同じ条件で試みれば再び起こるといった「再現性」からはほど遠い。

秘仏を拝するとは、すなわち、宗教的奇跡の一回性を追体験することではないか。私はそう直覚した。人々が本堂の中で拝したのは、一つの奇跡だったのである。正確に言えば、奇跡とは自分の体験そのものの中に内在するものであり、秘仏はそれを触発する縁《よすが》だったのだ。

東京に戻り、いつもの日常を送る中で、見上げた仏様の姿は、記憶の中でぼんやりとしたイメージになり、少しずつやわらかに変形し始める。聞くところによると、その秘仏の姿は、写真という形でも公開されないのだという。だから、どんなにあやふやであっても、自分の記憶だけが頼りである。インターネットで検索して確認するわけにもいかない。掛け替えのない気付きをもたらしたという記憶とともに、秘仏はずっと私の心の中にあるだろう。

その時の公開は、五十二年ぶりだったという。次は何時になるのか。秘仏に深く向き合おうとすれば、「確かにあのときに見た」という、一回性の記憶にすがりついて、何とかそれを育んで発展させていくしかない。ハレー彗星ならば写真に残るが、秘仏のイメージは自分の体験の中にだけ刻印される。

現代人の魂は、複製可能、バックアップ可能なデジタルの世界にすっかり侵されて、人生において未だに存在する一回性に対する感覚が麻痺《まひ》しているきらいがある。デジタルの利便性は大いに結構。しかし、その一方で私たちの人生の儚い一回性は一向に変わらない。朝に生まれ、夕べに死す。夢のように短いカゲロウの生と人間の生の間に、本質的に何の差異があるだろうか。

一回性に向き合うことでしか、人々は生の充足感を得ることができない。その肝心の頼りは、しかし、予定も管理もできないやっかいな代物である。一回性の本質を考え、それにどう向き合うべきかという倫理問題を考察することは、生の躍動を響かせるためにどうしても必要なことだろう。

何故、至福は一瞬のうちに訪れ、そして消えていってしまうのか。理由がどこにあるにせよ、それは向き合わざるを得ない事実である。

人間の欲望は、もし最高のものを求めようとすれば、瞬間にこそ向かうしかない。『ツァラトゥストラはかく語りき』において、「永劫回帰《えいごう》」は稲妻のように訪れるものであって、飴のように引き延ばされ、永続するものではない。

「永劫回帰」という思想的高みに、ニーチェはスイスの湖畔で到達したという。ニーチェの実人生がどれほど苦悩や失望に満ちたものであったとしても、また、「永劫回帰」の思想が時のテストに耐えられないものであったとしても、その瞬間だけは永遠に祝福されてあるだろう。その一回性だけは、ニーチェのものである。彼が死んでしまった後でも奪われるものではない。

ゲーテの畢生《ひっせい》の大作『ファウスト』においては、悪魔メフィストフェレスに魂を売る契約をしたファウストが、古代ギリシャから「今、ここ」に至る様々な冒険を積み重ねた後、ついには「時間よ止まれ、お前は美しい」と叫ぶ。

文学作品には人生の真実が映し出される。私たちの実人生においても、美的な体験は一瞬のうちに訪れ、消えていく。それを瓶詰めにしてとっておこうとしても、鮮度はたちまち失われる。だからこそ、必死になってそれを覚えておかなければならない。記憶の切実な意義は、歴史の年号や数学の公式の暗記にあるのではなく、人生の一回性のつなぎ留めにこそある。

一回性の体験は、いつ訪れるかということ自体をコントロールすることができない。脳内の神経細胞が約〇・一秒間一斉に同期して活動することによって生じる「一発学習」（「アハ体験」）は、どれほど意識的に努力しても強制することができず、むしろ諦めの境地に似たリラックスこそが成功を導く。意識的努力の緊張と、その後の弛緩。文化的に偉大な功績を残した多くの創造者が証言するように、ひらめきという一回性の認識は、コントロール不可能な緩みこそを母胎とする。

インターネットの検索エンジン大手グーグルが全世界にある全ての書籍をスキャンし、検索可能にするという計画を発表している。人生で起こる様々な出来事を記録するという「ライフロング・コンピューティング」という考え方もある。情報を可視化し、コントロール可能なものにしようという無限運動は、一度始まってしまえば止まることはないだろう。

しかし、その一方で、どれほどテクノロジーが発達したとしても、私たちの生から一回性という本質が消えることはないだろう。コントロール不可能な一回性は、生命の核そのものだからである。

一回性は、必ずしも恵みをもたらすとは限らない。それは、私たちの生に内在する脆弱性が、顔をのぞかせる瞬間でもある。犯人が殺意を抱く瞬間は、ミステリー小説でおなじみの命題だし、密かに想い合う男女が反倫理を決意するその瞬間の危うさは、夏目漱石の『それから』をはじめとする多くの文学作品が好んで描いてきたモチーフである。

予定することも、強制することも、そしてそのまま記録することもできない一回性こそは、全てが可視化され、管理され、検索可能になりつつある現代における私たちの生命の最後の拠り所であり、それにどう向き合うかということは極めて重大な倫理問題を呈する。ただ文学のみが扱うべき領域ではない。

一回性をうまく扱うには、あまりにも純真であってはいけない。しばしば、青年期に人はやたらと感激屋になりがちなものであり、あらゆる繰り返しの気配に敏感に反発することもあるが、それでは一回性をうまく丸め込むことはできない。ある種の俗にまみれることが、一回性の純粋さを輝かせる、一番の近道である。

一つ一つの一回性の出来事は決して繰り返すものではないが、それが何らかの継続性のあるシステムに接合する時、そこには「演劇性」が生じる。一人一人の患者にとっては、初めて癌の告知を受けることは一生に一度の劇的なる体験であるが、告知する側の医者にとってはプロフェッションを構成する一つの局面に過ぎない。また、そう考えなければ心が持たない。

結婚するカップルは顔を上気させ、感涙にむせぶが、執り行う司祭にとっては生涯で誓いを述べさせる数多くのケースの一つに過ぎない。そこに立ち現れる香ばしいずれと、演劇性のうさんくささは、必ずしも人を憤激させるべきものではない。むしろそこにこそ現代人が一回性の問題に向かい合う際のヒントが隠されている。

およそ、むき出しの一回性に人間の魂は耐えられるものではない。本当に一回しか起こらない、その出来事そのものは禍々《まがまが》しく、生々しく、私たちの生にそのまま接合するには毒に満ち過ぎている。そもそも、私たちの言語そのものが一回性の禍々しさを丸めさせる精神のテクノロジーである。キリストの磔刑《たくけい》とその後の復活という一回性の出来事を「奇跡」という名前で呼んだ時、事象の生々しさは失われ、落ち着いた宗教文化の体系への移行が始まる。

ますます精緻化する現代の情報ネットワークの中で、生の一回性が管理される危険を指摘することは簡単であるが、私たちが目指すべきものは、管理不可能な一回性と予見可能な情報ネットワーク性の間の何らかの創造的妥協である。

生の一回性が避け得ないものであることを自覚し、それに対する覚悟を決め、その一方でこの世の中の管理可能で、継続していく何ものかにも接続する。その中で立ち上がるものが、一つの演劇性であったとしても、私たちはそのうさんくささを甘んじて受け入れなければならない。

　生の一回性に熟達した人とは、自分自身に対して演劇的に振る舞える人を指すのであろう。「秘仏」という以前から些《いささ》かうさんくささを感じていた文化制度の本質に触れることで、私はまた一つ演劇性の階段を上った。演劇性を支える脳のはたらきは「メタ認知」であり、自分自身をあたかも外部から見ているように客観的に観察することである。

　この世で体験できる最高の一回性の一つは、メタ認知の階段を上ることである。ニーチェの「永劫回帰」のインスピレーションも、またその類のものであったのだろう。

21　魂の錬金術

シャチが死ぬ時には、溺《おぼ》れていくのだという。日本における海獣医のパイオニアである勝俣悦子さんにそんな話を聞いた。

勝俣さんは大切に育んでいた飼育下のシャチの最期を看取った。普段は浮上して「スゥ」とひと息吸うのが、「スウスウ」とふた息続くようになるといよいよ危ない。そのうちに意識を失って、肺に水が入り、ずぶずぶと沈んでいってしまうのだというのである。

「最後は壮絶ですよ」

と言う勝俣さんの言葉に、巨大な肉塊が支えとなる生命活動を失い、沈下していく鮮明なイメージが浮かんだ。

生きるということの末期には、必ず苦痛に満ちた死がある。どんなに歓びに満ちた生を堪能していたとしても、やがて避けられない終末が訪れる。それにもかかわらず、全ての生けるものはこの地上にとどまり続けようとする。動物ならば、自分が死につつあるということさえ認識しないかもしれないが（それはそれで恐ろしいことではあるが！）、観念としての「死」を理解しているはずの人間でさえもなお、できるだけ死を先延ばしして生きたいと思う。

生き続けたいという衝動は、全ての欲望の中で最も強烈なものである。進化の過程で意識が生まれた理由は、死を恐れ、それを避けるという点にあったのではないかと思えるほどである。

自己保存を旨とする生物にとって、様々な苦痛が待ち受ける生を全うしようという意志は、何よりも快楽による充足やその予期によって誘われているように見える。人間の脳が快楽主義者であることは経験科学における事実である。脳の中で報酬物質であるドーパミンが放出されると、その前に行われていた神経活動が強化される。そのような「強化学習」が脳の神経細胞のつなぎ代わりの最も重要な契機の一つとなる。

苦痛よりも、快楽の方が脳の変化を促進するきっかけとなる。だからこそ、生きるということを全面的に肯定することには合脳的裏付けがある。ショウペンハウエル的な悲観主義に浸ることの誘惑は青年期に訪れやすい。しかし、甘美な悲観に浸ることができるのも、基礎となる肯定的生命活動が充実していてこそのことである。

しかしながら、そもそも、問題は二者択一にあるのではない。どれほど積極的な生命哲学の下に生きたとしても、否定的な感情がゼロになることはあり得ない。人間の「感情の生態系」においてネガティヴな感情が根絶やしになり、消滅するというような「モノカルチャー」の状態は存在しないのである。

私たちは、卑劣な犯罪の報道に接すると、そのような凶行に走る心のあり方に嫌悪感を覚える。しかし、同時に、私たちは、誰の中にも（もちろん、自分の中にも）暗黒小説に出てくるようなネガティヴな心のはたらきがあることを知っている。だからこそ、「犯人はこんな気持ちで犯行に及んだに違いない」という「心の理論」が良識ある市民の中にも立ち上がる。

ことは、刑罰の対象になるような極端な反社会性の発露に限られない。日常の生きる現場の中に、否定的な感情への誘いは充ち満ちている。やるべきことをせずにだらだらしていると次第に自己嫌悪が募ってきて、「オレなどどうせダメだ」という感情のデフレ・スパイラルに陥る。そのような経験は誰にでもあるだろう。そのようなスパイラルの先に「犯行」への踏み越えがあるとすれば、何人といえども人道に反する行為と無縁ではない。

生きている以上否定的な感情が起こることは避けられないとするならば、孔子が『論語』にいう「七十従心」の境地とは、一体何を意味しているのであろう。

「七十にして心の欲する所に従って、矩を踰えず」

欲するままに生きても規範を破らないということは、少なくとも自己及び他者に対して破壊的な感情、衝動のない状態であるように思われる。しかし、そのような奇跡的心境に達した人の中では、否定的な感情は根絶やしにされているとでも言うのだろうか？

そもそも、人間には何故否定的な感情があるのか？　生きる上で、どす黒い破壊衝動は駆除されるべき「精神の害虫」なのか？　勝俣さんの話を聞き、生きている時は優雅に泳ぐシャチという有機組織体の壮絶な死について考えている時に、一つのヴィジョンが私の中に浮かんだ。

否定的な感情を消し去りさえすれば良いというのは、精神における行き過ぎた「衛生思想」ではないのか？　むしろ、肯定的な感情は、否定的な感情があるからこそ健全に育まれるのではないか。ジャングルの中に咲く花の生命力が、複雑に絡み合う様々な生命体が織りなすエコロジーによって支えられているように、本人に、周囲に、そして人類全体に福音をもたらすような正の感情のエネルギーは、負の感情を糧としてこそ成長するのではないだろうか。

創造的な人は清濁併せ呑むという印象を受けることが多い。逆に、あまりにも肯定的な美意識に貫かれた人はうさんくさい。杓子定規なキレイさは、生命力の減退を感じさせる。

愛する力、創造する衝動の強い人は、元来、強い負の感情をも持っていたのではないか。そのようなインスピレーションが、壮絶な死を遂げつつ沈降していくシャチのイメージと重なって、私の脳裏に強く刻印されたのである。

否定的で、ともすれば破壊的な衝動が、積極的で建設的な志向性へと転化される。「黒魔術」が、「白魔術」へと変えられる。そのような「魂の錬金術」に相当するメカニズムが、ある種の人々の中には間違いなくあるように思う。

「七十従心」という言葉を残した孔子その人も、また、決して怒りや憎しみといった負の感情に無頓着だったわけではないだろう。凡夫は、マイナスの衝動に簡単に屈する。凡夫が織りなすのが社会であり、国家というものであれば、聖人としての「胆力」は、これらの「あまりにも人間的な」心の動きに対する感受性なしでは養い得なかったはずだ。

また、孔子その人の中に、負の感情がわき上がることが全くなかったわけでもあるまい。むしろ、凡人と同じように立ち上がる様々な否定的感情をポジティヴなものに転換していく、その魂の錬金術の中に、孔子という聖人の、そして「七十従心」というエニグマを解き明かす鍵があるように思われる。

創造者には、暗い体験を明るい光に転換するという点において、徹底したところがある。

モーツァルトの生涯は、存在を押しつぶしそうな逆境に満ちていた。数回にわたる求職の旅をもってしても、安定した地位が得られなかった。パリ滞在中、母親が死んだ。ザルツブルクで待つ父を哀しませないように、まずは「母が病気で倒れました」という手紙を送り、その後で死を知らせた。当時の音楽家の地位は低く、パトロンである貴族にないがしろにされた。借金に追われ、注文を受けて音楽を制作する職人としての営為を黙々と続けた。

そのような実人生における翳《かげ》りがあっても、作品はあくまでも明るい。そこに、モーツァルトという奇跡の、真に驚くべきポイントがある。

むろん、生活苦の中で創作した石川啄木のように、負の感情をそのまま表現するのも、一つの芸術として成立する。

「どうなりと勝手になれといふごときわがこのごろをひとり恐るる。」

「ぢっとして、蜜柑のつゆに染まりたる爪を見つむる心もとなさ！」「すっぽりと蒲団をかぶり、足をちぢめ、舌を出してみぬ、誰にともなしに。」「あの頃はよく嘘を言ひき。平気にてよく嘘を言ひき。汗が出づるかな。」「やや遠きものに思ひしテロリストの悲しき心も——近づく日のあり。」（石川啄木『悲しき玩具』）

啄木の文学性を前にして、その表現の真実なるを味わい、それから苦境の中で一点の曇りもなく晴れ渡った青空のような曲を書き続けたモーツァルトの生涯を思うと、後者の生理的奇跡に改めて瞠目《どうもく》し、心を動かされる。

ワーグナーは、モーツァルトのような、その痕跡さえとどめないような黒魔術から白魔術への転化を生きたというよりは、むしろ暗黒から太陽への変換をそのままリアルに描いた芸術家であった。

『ニーベルングの指環』の第二夜、『ジークフリート』の第三幕。神神の長、ウォータンの怒りを買い、神格を奪われ、岩の頂に炎に包まれて眠らされていたブリュンヒルデは、ジークフリートによって目覚めさせられる。死すべきものと結ばれることは、神格を永遠に失うことを意味する。ブリュンヒルデは求愛を拒み続けるが、ついには「笑いながら死んでいく」ことを決意し、英雄の胸の中に飛び込む。

ニーチェの『ツァラトゥストラはかく語りき』の中では、喉を蛇にかまれている男が、蛇をかみ切り、笑い出す。自分の最悪の事態を悟り、しかしそれを無限の正のエネルギーへと転換すること。何か途轍《とてつ》もないことがそこに起こる。

孔子、モーツァルト、ワーグナー、ニーチェ。これらの表現者に共通して現れている「負」から「正」への転換の技法。

それほど先鋭的で洗練されているものではなくても、確実にやってくる自分の死というものを認識することから決して逃れることのできない人間であるならば、誰にでも多かれ少なかれ具わっている感情の技術があるはずだ。

もともと、脳内の情報表現としては、「負」の価値も、「正」の情動も、どちらも神経細胞の時空間的パターンに過ぎない。正や負は、確定した数値として表現されているのではなく、脳内回路の相対的文脈の中で決まっている。

私たちは、「負」や「正」ということを、ともすれば現実世界での低い高い、小さい大きいといった数直線的順序構造に写像してしまいがちだが、脳内表現としては全ては文脈依存的であり、相対的である。子供の時にはビールは苦くて嫌なものだが、大人になると好物になる。嫌いは無関心よりも好きに近い。相対的文脈に依存するダイナミクスを通して価値が倒錯するプロセスの中にこそ、否定を肯定へとつなげる魂の錬金術の核心がある。

人生をバランスシートのごとく考えれば、不幸の蓄積は回復し難いカタストロフィのようにも思えてこよう。しかし、もし、脳内で負を正に転換する何らかのダイナミクスが可能だとするならば、事態の見え方は変わってくる。

強迫的に無菌状態を求める衝動が、人工的文明空間の中における生命力の減退の現れであるように、感情においても、全面的にポジティヴな状態などあり得ない。表面的な「ポジティヴ・シンキング」のうさんくささはそこにある。

否定的な感情の波の中にこそ、それをまばゆい白き光に転換する好機があるということ。そのような人間心理の真実は、優れた芸術作品の中に、表現者の生涯の中に、苦労の続く生活をしても明るさを忘れない老女のこぼれるばかりの笑顔の中に現れている。

孔子の「七十従心」が、聖人の中にも立ち上がるよこしまな心を一掃する感情の抗菌作用によって実現されるのではなく、怒りも哀しみも全て引き受ける、人間的な、あまりにも人間的な猥雑《わいざつ》な生の中から生まれてくるものならば、泥の栄養をたっぷりと吸い取って咲く蓮の花の美しさは、私たち一人一人にとって親しき心の秘密になるはずだ。

22　生を知らずして死を予感する

科学は、この世に関する様々な事柄を解明してきたが、その一方で手つかずのことも多々あることは言うまでもない。

その最たるものが「生きる」ということである。現代の私たちが世界を記述する際に用いる基本的な概念、すなわち、時間や空間、物質や情報といったものたちは、どれも、「生きる」ということの現場性の一歩手前でそこに届かずに墜落してしまう。

科学がどれほど進歩したとはいえ、早い話が、細胞一個さえも人工的に作ることができてはいない。ましてや、ヒューマノイド（「人間そっくり」）を作ることなど、現時点では夢のまた夢である。

科学に限らず、様々な「普遍」を標榜する思考がついつい捉え損なってしまうのは、生きるということはそもそもある文脈の限定の中で成り立っているという事実である。頑な倫理を唱えるものは、常に生の現場性に裏切られる。無条件にそれに従うことが求められる、カントの言う「定言命法」は美しい佇《たたず》まいを見せるが、下手をすれば反生命的な毒へと転ずる危険性をいつも秘めている。

「あなたの従う行為の格率が、同時に普遍的な法則に合致しているように行動せよ」

カントの言葉は心ある人にとって美しく響くが、それがこの世では決して実現できない一つの夢だとわかっているからこそ輝きが増す。孔子の「七十従心」、すなわち、自分の欲望の赴くままに行動しても、決して倫理的規範を逸脱しないという境地は、一つの究極の理想であるように見えて、実は決してこの世界では実現できない仮想の姿でもある。

後付けで見れば、いかにもどの時代にも当てはまる普遍的な志向で貫かれているかに見える行為や表現も、実際にはその時々の「今、ここ」の限定の中で育まれ、世に出されている。

いかに行動すべきかという倫理基準が時代とともに変わるのは、当然のことのようにも思われる。比叡山《ひえいざん》を焼き討ちした織田信長の行為は、現代では英雄どころか最悪のテロリストの汚名を浴びることになるだろう。そのような時代的限定から比較的自由だと思われるような知的達成もまた、その起源においては類似の同時代的な文脈の中に搦《から》め捕《と》られ、生み出されている。

進化論を創始したダーウィンが『種の起源』の中で提出した様々な概念は、当然のことながら、時代を超えた普遍性を担っている。それがゆえに「最初からダーウィンは普遍性のみに生きた人だったのだ」とついつい思ってしまうが、結局は人の子。ダーウィンとても時代の限定の中で生き、表現している。

『種の起源』の中に現代から見れば奇妙な箇所がある。マルサスの『人口論』を引き、どんな生物も淘汰がなければあっという間に大変な数に増えてしまうという一般原理を述べた後で、「ゾウのような繁殖が遅い動物でさえ、たった一対から出発して、紀元五世紀の終わりには千五百万頭のゾウがいる計算になる」という趣旨のことを書いている。

「紀元五世紀」と特定しているということは、つまりは、世界が紀元前のある時点で「神」によって創成され、その時に一対のゾウがいたという世界観を前提にしている。現代の全ての生命科学の思想的基盤を作ったカリスマにしては意外なことのように思われるが、ダーウィンもまた当時のそのような「常識」の中で生きていたのである。

どんな人も、時代の限定の中で生きている。生命の営みは、つまりはそのような「限り」の中で前に進むことであり、文脈の限定を外して倫理や価値を立てると、生の現場からどんどん遠ざかっていってしまうことになる。

美意識にこだわることは、往々にして生命力の減退につながる。むしろ、その時々の、何が起こるか容易にはわからない人生の「偶有性の海」に飛び込むことの方が、最初から普遍性をかっちりと標榜してしまうことよりも結果としては良質の創作につながる。

夏目漱石の小説のうち、最も人気があるものは『こころ』だそうである。友人のKから奸計《かんけい》により「お嬢さん」を奪ってしまった「先生」は後悔し、長い遺書を残して自殺する。「先生と遺書」は『こころ』中の白眉であり、その意味内容を巡って様々な議論が交わされてきた。

「先生と遺書」の長さが、『こころ』の次に新聞の連載小説を書くはずだった弟子の不始末により、漱石が小説を引き延ばさなければならなくなったというアクシデントに起因するものであるということをどれだけ多くの人が知っているだろうか。つまりは、「先生と遺書」には最初からあれだけ長くならねばならない文学的必然性があったのではなく、社会的な、あまりにも人間的な必要に促されて伸びたのである。思わず空いてしまった空白の埋め草として書き続けられたのが「先生と遺書」であり、そのことによって図らずも『こころ』は人気のある不朽の名作となった。

古《いにしえ》の文学作品を、私たちはついつい最初からそのような姿を持っていたものとして読んでしまう。だからこそ、あたかも文学という岩山に最初からその形で埋まっていたかのようにさえ思われる作品が、何がどうなるかわからない人生の偶有性の中から生み出されたのだという事実に接すると、私たちは動揺し、生命の実相を捉え損なっていたことに気付かされる。

「そもそも、漱石の小説は、新聞に連載されていたのだということを念頭に読むと、腑に落ちることが多いんですよ。この青年と女はどうなるんだろう、という興味に駆られて読み進めていくと、結局何も起こらないで期待を裏切られる。しかし、その間、読者は惹き付けられている。漱石は、明らかにそんな読む側の心理がわかった上で連載を続けていたように思います」

漱石の孫である夏目房之助さんがかつてそんなことを言っていた。

モーツァルトのオペラは、特定の歌手を念頭に書かれている。シェークスピアは劇団の公演の必要に迫られて作品を次々と完成させた。後世から見ればどんなに普遍的な価値を担っているように見えるものも、その時々の人間という「軟体動物」のぐにゃぐにゃとした生の営みに起源した。生の営みである以上、当然、その人がその時に置かれた文脈を反映し、引きずり、そこから影響を受ける。

古典的な価値を持つに至った作品も、結局はその時々の生のごたごたの中から生み出された。そのように考えることが冒瀆《ぼうとく》だと考える人は、生の本質も、創造のエッセンスも、未だ見切っていない。

何故、ある特定の文脈から生み出された作品が、時に普遍的な価値を持ちうるのか。これは、「個別」と「普遍」の関係を考える上で極めて本質的で大切な問題であるとともに、物質である脳にいかに意識が宿るのかという「心脳問題」の本質にもつながる根本的エニグマでもある。

人間がついつい陥りやすい「普遍性」という罠。「普遍」というものは、動かし難いもののように私たちの前に立ち現れる。「プラトン的世界」という普遍性の概念は、様々な学問や芸術における究極の目的を規定すると同時に、下手をすれば反生命的衝動へと人間を誘う劇薬ともなってきた。

生の現場が不可避的に内包している偶有性を忘れ、不用意に普遍性を称揚する者は、往々にして過去を生きる人になる。私たち人間にとって、「過去」はそのあり方において最も「普遍」に近いものであるからである。既に過ぎ去ったものは、動かし難く思われるという点において「普遍」に近い姿をしている。「普遍」の永続性に魅入られてしまった魂は、下手をすれば既に確立した過去に安心立命《あんじんりゅうめい》を求めることに夢中になり、何が起こるかわからない未来に自分の生を投企することを忘れてしまう。

「生きている人間などというものは、どうも仕方のない代物だな。何を考えているのやら、何を言い出すのやら、仕出来《しでか》すのやら、自分の事にせよ他人事にせよ、解った例しがあったのか。鑑賞にも観察にも堪えない。其処に行くと死んでしまった人間というものは大したものだ。何故、ああはっきりとしっかりとして来るんだろう。まさに人間の形をしているよ。してみると、生きている人間とは、人間になりつつある一種の動物かな」(小林秀雄『無常という事』)

川端康成に対して語ったとされるこの有名な言葉は、「生きる」ということと「普遍」の間のスリリングな関係に言及して興趣が尽きない。

小林秀雄は徹頭徹尾生の現場性に生きた人であった。それは、残されている講演の音声を聞いてもわかる。「何を考えているのやら、何を言い出すのやら、仕出来すのやら」わからない、「生きている人間」などという「どうも仕方のない代物」を骨まで愛したのが、小林という男である。

その一方で、私たち人間の精神は永遠不滅の普遍性に憧れてやまない。それこそが、つまりは生きることを志向するエロスに対するタナトス（死への衝動）の本質である。タナトスとは、決して自死につながるようなペシミズムのみを指すのではない。むしろ、私たちの意識の中の至るところに現れている結晶化原理、普遍性への志向、動かし難い、くっきりとした姿をしたものへの憧れこそが、生の現場の至るところに立ち現れて私たちに死を思い起こさせる。

普遍性への志向が、必然的に死に親和性を持つものになることは、過去が動かし難いものとして私たちの心の中に立ち現れているという現象学的機微と無関係ではない。

「七十にして心の欲する所に従って、矩を踰えず」

孔子のこの不可思議な響きを持つ言葉は、過ぎ去った時の中に偉人を置くと次第に立ち現れてくる「ある姿」を表すものと考えれば、腑に落ちる。「七十従心」の境地は、現実に目の前に息づいている、ぐにゃぐにゃと軟体動物のごとく動き回り、失敗もし、過ちも犯し、人間的な、あまりにも人間的な存在であるがゆえに愛しい現実の孔子その人の姿ではなく、むしろ鬼籍に入って長い年月が経った時に、その追憶の中に次第にあるくっきりとした姿をとってくる、「完成された聖人」という一つの作品の現象学的形態なのではないだろうか。

古典的な芸術作品も、偉人の姿も、私たちがそれを繰り返し心に思い浮かべるようになる時には、既に死んでいる。その死んでいるものを意識の中で慈しみ、立ち上げることで、私たちは古の何がしかに命を吹き込む。それが踊り、動き、語り、奏でる様子があまりにも生き生きとしているので私たちはついついそれを生命の現場そのものと同一視してしまうが、どんなに偉大な古の縁も、それが私たちの前に立ち現れる時には、最も肝心な生の偶有性を抜かれてしまった一種の残《ざん》骸《がい》として浮かび上がるしかない。

それがあまりにも寂しいので、私たちは古の姿の中に何とか再び生の偶有性を吹き込もうとする。心を魅惑する完全性と、情けない不完全さと。それらが交錯する温故知新の現場の中に、私たちの生命の有り様と精神性の原型を垣間見ようとする。

不完全な人間が完全に憧れるということは、つまりは生きるうちに死を志向することに等しい。生きることさえまだ知らないとは言いながら、私たちは一人残らず死とは何かということを本能的に予感している。古の言葉の向こうに見え隠れする、変わらないものへの覚醒に心を震わせる。

23　学習依存症

人生においては、「苦しいこと」がしばしば「嬉しいこと」と深く結び付いている。ているのは、一体どうしてなのだろうか。もともとはつらかったはずの様々なことに慣れ親しむ。やがて、その苦しみの底からかすかな甘みが感じられてくるようになる。そして、ふと気が付くと、ある種の苦しみこそが人生の掛け替えのない喜びを導き出すための呼び水であることを知る。

元来、脳の中で「報酬」を表すドーパミンは、「サプライズ」を好むように設計されている。嬉しいことがたとえあったとしても、それが予想されたものであると効果がない。果たして与えられるのかどうか、わからない時にこそドーパミン細胞は盛んに活動する。その中に含まれている「情報量」が多くなければ、ドーパミンは放出されないのである。

「情報量」は、「0」と「1」で決まる。苦楽の混淆《こんこう》のパターンに依存する。苦しいことの間に挟まった嬉しいことは、その味わいが情報論的にもより「甘い」のである。

ドーパミンが放出されると、その前にとっていた行動の回路が強化される。これが、人間の脳の中にある神経細胞の結び付きの変化を方向付ける「強化学習」のメカニズムである。

人生の快楽の様相は複雑である。単に、嬉しいことが続けばそれで良いというわけではない。ある程度のメリハリがなければ、ドーパミンも放出されないし、強化学習も生じない。

そもそも、根本に遡って、人間が快楽という感覚を持つのは何故か？　強化学習のメカニズムが脳の成長において果たす極めて大きな意義を考えると、ドーパミン放出による快楽は、「学び」のためにあると言っても過言ではない。

ドーパミンの神経経路のうち、前頭葉に向かうA10神経はアルコールや薬物などへの「依存症」をもたらすことが知られている。学習に適した刺激が脳に与えられた時にドーパミンの放出が最大になることを考えれば、人類は実に「学習依存症」であると言うことができるのである。

とりわけ、人格を鍛える、という習練の文脈においては「苦」と「楽」は複雑な様相を呈する。砂糖のように口にしてすぐに甘いと感じられることよりも、むしろ最初は抵抗感があり、喉を簡単に通り抜けていってくれないものの方が後に深い感銘と喜びをもたらす。その方が、「学習依存症」である私たちの深い必要を満たしてくれるのである。

当時は口惜しく、また簡単に耳から入っては来なかった恩師の一言が、時を経て黄金の輝きをもって意識されることがある。「バンジージャンプ」ほど過激ではないにしても、その前で思わずひるんでしまうような通過儀礼を乗り越えてこそ、初めて得られる喜びがある。

学ぶことには、終わりがない。だから、学びの喜びは、尽きることがない。学習においては、苦しいことが付きものである。苦しい時間を経過しなければ得られない快楽の領域があることを、私たちは体感的に知っているはずである。

学びの喜びは、人類の文明を切り開き、多くの偉大な知的成果を生み出してきた。しかし、それはまた、油断をすれば容易に失われてしまうような叡智であることも事実である。現代日本人の多くは、実際、質の良い「学習依存症」のもたらす喜びを忘れてしまっているのではないか。

学ぶことは多くの人にとって一時的には苦しみももたらす。しかし、その苦しみが、人生で最大の喜びをもたらす源でもあることを人々は体得していく。苦楽をない交ぜることで、自分の脳の快楽原理を耕せるようになることを、昔の人は「成熟」と呼んだのではなかったか。

バブル期の日本には浮ついた「軽チャー路線」がはびこり、真面目に学問をすることが「ネクラ」だと蔑《さげす》まれた。その後遺症の中に、現代の日本人はまだまだ住んでいるのではないか。そう考えなければ、簡単なこと、お手軽なことばかりがもてはやされる昨今の風潮は説明できない。

私自身の人生を振り返っても、バブル期の時代精神には否定的な意味で随分と大きな影響を受けたと思う。そこからの「学び直し」にはそれなりの時間がかかった。

私たちの心の中で感じられる様々な「クオリア」の所在に目覚め、

物質である脳にいかにして意識が宿るかという掛け値なしの難問に取り組み始めて以来、これまで人類が蓄積したありとあらゆる知を動員するという「知の総力戦」を強いられてきた。そんな生活を続けている中で、ただひたすら学び続けることの価値を次第に私は取り戻していったのだと思う。

かつて、本居宣長の下に集った商人たちが、「いやあ、先生、今まで様々な快楽を積み重ねて来ましたが、学問するというほどの喜びはありませんな」と本居宣長に言った。今の私はそんな感覚の中に日々生きている。そのような快楽主義のよって立つところを世の中に伝えることが、これからの大切な課題であると感じ始めている。

振り返ってみれば、それほど苦労しなくても成績は良かった少年時代の私にとっても、勉強は決して楽しいことばかりではなかった。あまり熱心に机に向かうというタイプではなく、どちらかと言えば寝転がって本を読んだり、蝶を追いかけて自然の中を駆け回ることを楽しんでいた。

中学一年生のある夜、ふと思い立って、家族が団欒《だんらん》している居間から離れて一人、自分の部屋に上がっていったことがある。数学の問題でも解いてみようと思ったのである。晩秋だった。机に座ると、暖房のない部屋の空気は冷え込んでいて、鉛筆を持つ手がかじかんだ。

数学そのものは好きだったが、テレビのついている居間のぬくぬくとした気楽な空気とは異なる、凜《りん》と張り詰めた世界の中で、ああこれから頭をあかあかと白熱灯のように集中させる時間の中に入っていくのだと気が引き締まった。

そして、次第に、脳にどのような負荷をかけ、どんな困難を与えれば、結果として脳は快楽を得ることができるのか、そのノウハウを自分で摑んでいった。学ぶことから得られる喜びは、美味しいものを口にした時に得られるそれとは明らかに違う。今日の私ならば、「喜びのクオリア」の差とでも言いそうなそのような心の機微に、ティーンエイジャーの私は次第に慣れ親しんでいった。

日本人として初めてオリンピックの金メダリストとなった三段跳びの織田幹雄さんの言われる、「身体を動かすこと自体の喜び」と同じような、「頭脳を総動員すること自体の快感」を発見していったのである。

私の思い出など、東京近郊で育った中学生のごくありふれた体験に過ぎない。しかし、振り返ってみると、あの夜、数学の教科書を持って一人自分の部屋の机に向かった時の気分は、その本質においては本居宣長の「うひ山ぶみ」の歌に通じる何かがあったと思う。

「いかならむうひ山ぶみのあさごろも浅きすそ野のしるべばかりも」

山に分け入り、修行を積もうとする者が、いよいよ出立する。その時の清々しい緊張の心持ちを描いたこの和歌は、現代においてともすれば忘れられてしまっている人生の学びの、そして脳の快楽原理に関する真実を表しているのではないかと思う。

現代のメディアの中で流布している快楽主義は、チョコレートを口に入れれば甘い、程度の単純な図式にとどまっている。雑誌などに掲載されている記事も、贅沢なレストランや、リラックスできるスパといった、あまりにもストレートな快楽の提示だけである。

そのような現代においては、脳の中に本来は潜んでいる「学び」に関わる快楽原理の奥深さが見えにくくなっている。私たちは快楽という井戸を深く掘ってみることを忘れてしまったのであろう。

「神経経済学」は、貨幣的な価値のように数量化できる報酬に関しての、人間の振る舞いを定量的に解析しようとしている。そこに立ち現れる「利他性」や「社会性」のメカニズムは、人間の本質を理解する上で確かに重要な視点を提供する。ある意味では、単なる快楽主義ではない、「苦」や「喪失」といったことの意味を捉えようとしていると言えなくもない。

その一方で、数量化できる価値を離れて、より一般的な文脈における人間の行動原理、認識のメカニズムを理解するという視点から見ると、行動経済学ないしは神経経済学のパラダイムは未だ狭いと言わざるを得ない。

孔子の『論語』の中にある「七十従心」の境地は、生涯を通した学びの行き着く先についてのあるヴィジョンを示している。自分の欲望の赴くままに行動しても、決して倫理的規範を逸脱しないという境地。現代的な視点から見れば、それは自己と他者の間の利害の調整ということをその主旨としているように見えてしまうのだろう。そのような観点は確かにある程度は有効なものであるし、行動経済学や神経経済学における「利他性」や「公正さ」といった現代的概念に素直に接続するものでもある。

しかし、孔子が『論語』の中で問題にした様々を、ただ単に自他の利害の調整という文脈で捉えてしまっては、あまりにも狭きに失する。「七十従心」は、「十有五にして学に志す」に始まる生涯にわたる自己鍛錬の果実である。それは、学ぶことの苦しさと喜びが絶妙なバランスで混ざり合った、一つの「愉悦」の境地に関わるはずである。

孔子のような聖人君子の晩年においても、一切の間違いや過ちから自由になるという保証はない。生の本質は逸脱にある。時々失敗するくらいでなければ、「生きている」甲斐がない。

「七十従心」は、ある完成された静物画のような境地ではなく、なおも不断に変わり続けるまさに「学びの真っ最中」の揺れ動きとともになければならないだろう。

自分の欲望を全面的に否定してしまうのでもなく、かといって野放図に解放してしまうのでもなく。とかくモノカルチャー的な単純図式に流れがちな現代では失われがちな複雑で奥深い「中庸」の境地、そこに立ち上がる一種の生命哲学こそが、孔子が一貫して唱えたことの核心にあったはずだ。

学びとは、まさに「中庸」に自らを置くことである。全面的に「苦」でもなく、朝から晩までの「楽」でもなく。成功し、失敗し、失望し、満たされ、憧れ、裏切られ、もうダメだと思い、絶対にできるという自信に満ち溢れ、甘美な思いに震え、暗黒の絶望に駆られる。そのような、容易に予想することのできない感情の偶有性の中に自らを置くことの喜びを、晩年の孔子が手放したはずがない。

　他人との関わりの中に自己の人格を構築すること。何が起こるかわからない生の偶有性の中に自ら飛び込むこと。孔子は、最後までそのような人だったはずだ。

　苦しみと喜びが入り交じった偶有性の海の中にこそ、人生の最大の学びの機会がある。学んでいる限り、人は成長し続ける。学びの愉悦を手放しさえしなければ、より高みを目指すという、人生で最も大切な「矩」を踰えてしまうこともない。

「七十従心」が、そのような脳の学習原理に関わる問題であるとするならば、それは酸いも甘いもかみ分けた老年の人のみならず、若き人、未熟な人にとっても、心に響く座右の銘となるはずだ。他人に対する配慮に心を砕かない人には、人生における最も大切な学びの機会が訪れない。

24　一つの生命哲学をこそ

長い人類の歴史の中では、欲望を抑制し、慎ましく生きることが一つの美徳とされる時代は恐らくは長かった。生産力に限界があり、欲望の野放図な解放が資源の不足や不必要な争いにつながる可能性が高かった以上、社会の圧倒的多数を占める構成員にとっての「生きるための知恵」として、禁欲は当然の倫理であった。

しかし、時は変わり、人間が基本的に欲望を「我慢しない」ことによって、現代社会の様々な制度は成り立っている。欲望を基本的に肯定することこそが、現代の時代精神（ツァイトガイスト）の中核にあるのである。

現代における欲望の解放を特徴付ける概念は、「可能無限」である。「実無限」が実際の無限大を指すのに対して、「可能無限」は、たとえ現実には有限のものに過ぎないとしても、必ず「その次」を考えることができるということを指す。

若者が、その人生の時間をあたかも無限であるかのように感じるのは、「また明日がある」という「可能無限」の中に生きているからである。実際には必ず人生の終わりは来る。従って、寿命は有限であるのであるが、「明日がある」という「可能無限」が保証されている（かのような幻想を持つことができる）限りにおいて、若者は心理的に無限の時間を享受することができるのである。

アメリカを中心として発信されている現代の文明においては、人々は避けられない死のことをできるだけ考えまいとする。あたかも人生には何の制約もなく、無限の時間を享受できるかのような前提の下に、生活を設計しようとする。そのような生命哲学が主流になったのも、現代社会が、なかんずくその経済システムが本質的に「可能無限」の生成を促し、また必要としているからである。

歴史的に遡れば、「可能無限」へ向けての欲望の解放は、近代の文明の開始によって宿命付けられ、制度化されたとも言える。産業革命によって、人力という動力源の制約を受けずに商品を生産することが可能になった。大量に作られたモノは、それを購買してくれる消費者を必要とした。消費が美徳とされ、「我慢」することが必ずしも善しとされなくなったことの背景には、人々の欲望を制限しては社会における生産力と消費の需給のバランスがとれないという事情があった。

産業の中心がモノから広い意味での情報へと移るに従って、欲望の「可能無限」を制度的に必要とする経済システムの性質はより先鋭化している。経済活動の中心、そして人々の欲望の対象が「情報」を巡って展開されるに至り、エネルギーや空間、物質といった物理的な制約からはますます自由な形で、経済を発展させることが可能になってきた。人間がアクセスすることのできる情報空間を爆発的に増大させたインターネットは、そのような「可能無限経済」の象徴である。

かつては人間の経済発展の限界を画すると見なされた自然環境によ

る制約も、人々の欲望の無限の解放を阻止するものとは見なされなくなってきた。環境に対して配慮するということは、必ずしも経済発展を断念するとか、欲望の発露を我慢するということを意味するとは認識されなくなってきたのである。

持続可能性こそが、生物や文化の多様性を育むために必要不可欠な要素である。人間の活動圏の歴史は、自然のエコロジーのそれに比べれば遥かに短い。成熟しなければ、文明は持続可能とならない。時代の変化を受けて、高級なホテルやリゾートの内装においても、自然との共生というモチーフを前面に押し出すことは必要不可欠な配慮となってきている。

欲望は必ずしも量的にのみ拡大されるものではなく、質的にも洗練されていくものである。量的な可能無限のみでは、人々の心に対する訴求力において限界がある。「一日一万円」稼いでいる人が、「一年後は一日一万一千円」だと言われても、そのような量的拡大における脳の報酬系の活動には、自ずから逓減《ていげん》という傾向が現れる。質的な可能無限こそが、人々の心を強く捉える。かつてのアメリカ製の自動車のようなエネルギーを浪費する巨大機械が人々の想像力をかき立てた時代が終わり、「環境に優しい技術」をうたったエコロジー・カーがハリウッドの映画スターのステータスシンボルとなりつつあるのは、欲望の量的な拡大というよりは質的な転換を表している。

産業革命以来、人間が創り出す機械が、原始的な力むき出しのエネルギー変換装置から、次第に繊細で微少なエネルギーの使用の下での洗練された計算装置になりつつあるのも、量的可能無限から質的可能無限への転換という、より一般的な傾向の反映である。

芸術をはじめとして、人間が創り出すものの全ては自然を模倣する。人間の欲望の表出が、とりわけ、自然との関係において、単純なる量的拡大からの転換を見せ始めていることの背景には、ひな型となる自然に対する人間の理解が深化してきたという時代状況がある。

新しい思想が登場した時には、それは大抵の場合劇薬として社会に作用する。ダーウィンがその著書『種の起源』において、「生存競争」を通した「自然淘汰」という概念を提出した時、それは、当初生物に内在する単純なる量的拡大への志向性を肯定するものと理解された。生物は、放っておけばマルサスが『人口論』で指摘したように等比級数的に増大する。その中で、種間の、あるいは集団間の激烈な闘争は避けられない。『種の起源』で提出された思想は、そのような冷酷な自然の摂理を表しているように思われた。

ダーウィンの考察を受けて、「生存競争」や「自然淘汰」を社会における人間関係に直接当てはめ、そのような議論を通して人間というものを規定しようとする考え方が、提案されてきた。ダーウィン思想を受けて一時期喧伝された（そして現在でも一定の影響力を持つ）「社会的ダーウィン主義」は、その一つの典型である。

しかし、自然は、実際には単純なる闘争関係からのみ成り立っているわけではない。アリとアリマキ、イソギンチャクとクマノミの関係に見られるように、種の壁を超えた協力関係は驚くほど普遍的に存在する。

長い生命の歴史で見れば、例えば、細胞内にあって有酸素呼吸をする上で本質的な役割を担っているミトコンドリアがもともとは独立した別の生命体であったと考えられるなど、単に異なる種間の闘争だけが支配する殺伐たる荒野ではない側面も、自然の中には散見される。

徒に擬人的な、あるいは倫理的な解釈を避けて、あくまでも論理的、客観的な思考を貫けば、問題になっているのはつまりは「自然淘汰」における肝心要の「単位」となっている「種」そのものの実在であり、その自己同一性が歴史とともにいかにしてあるいは自由に結び、あるいは解《ほぐ》れていくかというダイナミクスの本質である。

種という単位さえもが絶対的なものではなく、「長い時間をかけて見れば、起こり得ることは全て起こる」とでも言うべき柔軟な変化を見せることを考慮すれば、ダーウィンの進化論を、種間の単純なる利害対立のゼロ・サム・ゲームとして捉えることはいかにも狭きに失しているることはすぐに明らかになるはずである。

ガラパゴス諸島のゾウガメから自宅の庭に這《は》うミミズまで、様々な生命の見せる多様性をつぶさに観察してきたダーウィンその人にとっては、そんなことは先刻承知のことであった。社会的ダーウィニズムも、その「応用」としての単純なる格差社会の肯定も、ダーウィンの思想の包括性に関する無知から生まれる誤解だと評価するのが妥当なのであろう。

現代の脳科学は、人間をはじめとする動物の欲望の多様なあり方を明らかにしつつある。そこで開示されているのは、単純な意味での利己的存在としての個でもなく、「かくあるべき」という狭き倫理主義に従う理想的人間像でもなく、自然本来の多様性に根ざした、生物としての人間の驚くほど多様な行動様式である。

利他的な行動も、公共性の知覚も、人間固有の倫理観に根ざしていると考えられがちであるが、実際には全て、複雑な生態系の中における長い進化の過程で獲得されてきた複雑な「文化」に根ざしている。倫理は、ロゴスや意識を備えた人間にして初めて生まれた新奇な特徴ではなく、自然界に潜在した従来の傾向の、人間における独自の展開であると見なされるべきなのである。

冒頭に掲げた高校の同級生と交わした議論を折に触れ思い出す。孔子の『論語』が聖人が摑んだ人生訓の精華であると主張する彼に対して、私は人為を超えた老荘思想における「無為自然」こそが目指すべき境地だと主張して譲らなかった。

その後、社会経験を積む中で、私は孔子の思想に次第に目を開かされていった。とりわけ、「自分の心の欲する所に従っても、倫理的規範に抵触しない」という「七十従心」の境地が、一体どのような心理的状態なのか、容易には解くことのできない謎として心から離れなくなるに至った。「七十従心」という孔子が投げかけた問いに対して、様々な探索を積み重ねてきたのである。

孔子の「七十従心」は老荘思想に言う「無為自然」と本質的に同じことを指しているのではないかと直覚されてならない。自分の欲望が、もし野放図に解放されるならば必ずや対立や混乱を巻き起こすという思い込みは、単純なる量的拡大を目指すものとしての欲望観に基づいている。そのような直線的な欲望観は、従来一般的であった自然の観念と連動している。倫理的な拘束がなければ、必然的に「万人の万人に対する闘争」に至るというのは、随分単純化された自然観ではなかろうか。

実際には、私たちの内なる欲望も、そして様々な生物がその中で息づく自然も、人間がうっかり思い込むよりは遥かに高い知性に基づいている。

かつての私に思い至らなかったのは、人間の欲望というものはその最高の知性の表れでもあり得るということだった。自然は、そもそもその内側に人間の脳が表出するのと少なくとも同程度の知性を宿しているという事実だった。自然がもしそれほど単純にできていたとしたら、地球の上でこれだけの長い時間「持続可能」なシステムとして存続することは不可能だったことだろう。

「七十従心」は「無為自然」と同じである。

この命題の中に、人間を、そして母なる自然をともすれば単純化しがちだった従来の機械論的な世界観を超え、私たちが住む宇宙というこの不可思議な場所の複雑なる豊饒《ほうじょう》をより深く理解するためのヒントが隠されている。

かつて、私は孔子の教えと老荘思想を対立的に考えていたが、「人間」という存在を深く掘り下げていった時、小異を超えた大きな風景が見えてくる。「自らの欲望を肯定する」ということが、「利己的」というニュアンスを失って生命哲学的な深みを呈するに至った時、人類はその長い概念上の進化の階段をまた一つ上ったことになるのだろう。

あとがき

欲望のあり方を考える時に、「利己」（自分のためにと「利他」（他人のために）のバランスをとることはとても難しい。

利他的であればそれで良いというのではない。「他人のために尽くす」という言葉は一見美しいが、気を付けないと時にモラル・ハザードや病的事象に結び付くことがある。社会と関わって仕事をし、生活していく上でも、自らの座標軸をしっかりさせなければ、流されてしまう。自らの価値観や願望に寄り添って活動することが、社会にとっても良い結果をもたらすこともある。

私秘的な美意識や価値観から出発した創造行為の果実を社会全体が受け取る。そこには、「利己」と「利他」の麗しい交錯がある。かつて、アルベルト・アインシュタインは「創造性は個人にしか宿らない」と言った。自分という小さな宇宙に沈潜することが、かえって広い世界へと導いてくれることもある。

自分であることと、他者と向き合うことの緊張関係の中で、欲望のあり方の間《あわい》をはかる。恋愛に似たそのような生のバランスの中に、私たちは生き方を模索していくしかないのだろう。たとえ、それが神様の視点から見たらひょっとしたら意味のない一つの無限運動だとしても、終わることのない希望や後悔の螺旋の中を、ぐるぐると回っていくしかない。人生という「偶有性の海」の現場はそこにしかないのだから。

集英社のPR誌「青春と読書」に二十四回にわたって連載された「欲望する脳」に一部加筆、修正することで本書が生まれた。企画の立ち上げに始まり、連載中の内容の相談、書籍化する上での方向性やまとめ方など、多岐にわたって集英社新書編集部の鯉沼広行さんに一方ならぬお世話になった。ここに、心から感謝いたします。

二〇〇七年一〇月

茂木健一郎

本書は、株式会社集英社のご厚意により、集英社新書『欲望する脳』を底本といたしました。

茂木健一郎（もぎ　けんいちろう）

一九六二年東京生まれ。脳科学者。ソニーコンピュータサイエンス研究所シニアリサーチャー。東京大学理学部、法学部卒業後、同大学大学院物理学専攻課程修了。理学博士。理化学研究所、ケンブリッジ大学を経て現職。二〇〇五年、『脳と仮想』で第四回小林秀雄賞を受賞。『脳とクオリア』『生きて死ぬ私』『ひらめき脳』ほか多数の著書がある。

欲望する脳

（大活字本シリーズ）

2018年5月20日発行（限定部数500部）

底　本　集英社新書『欲望する脳』

定　価　（本体3,300円＋税）

著　者　茂木健一郎

発行者　並木　則康

発行所　社会福祉法人 埼玉福祉会

埼玉県新座市堀ノ内3—7—31　〒352—0023

電話　048—481—2181

振替　00160—3—24404

印刷製本所　社会福祉法人 埼玉福祉会 印刷事業部

ISBN 978-4-86596-236-9